Max Goldt wurde 1958 in Göttingen geboren und lebt seit 1977 in Berlin. In den achtziger Jahren wurde er musikalisch auffällig, teils durch die Zusammenarbeit mit Gerd Pasemann im Zweimann-Projekt «Foyer des Arts», teils durch eigene Produktionen wie «Die majestätische Ruhe des Anorganischen» und «Legasthenie im Abendwind». 1989 begann er, Betrachtungen über vielerlei, u. a. über Zivilisationsfragen, in der Zeitschrift «Titanic» zu veröffentlichen. Seit 1991 ist ein knappes Dutzend Bücher erschienen, die Kurz- bis Mittelprosa, Dialoge und Fragmente unbestimmbaren Genres enthalten.

Er gilt sowohl als strenger Stilist als auch als Vertreter einer besonders freien dichterischen Form. Er unternimmt häufig Lesereisen, auf denen Mitschnitte entstehen, die auf diversen von «Hörbuch Hamburg» verantworteten Hörbüchern in die Welt geschickt werden. Zuletzt: «Zweisprachig erzogene Bisexuelle mit Fahrrädern auf dem Autodach» und «Chloroformierte Vierzehnjährige im Tweedkostüm» – beide enthalten Texte aus «Die Chefin verzichtet».

Außerdem fungiert Goldt als Texter des Comic-Duos «Katz und Goldt», von dem es etwa zehn Bücher gibt. Die beiden neuesten sind «Katz und Goldt sowie der Berliner Fernsehturm aus der Sicht von jemandem, der zu faul ist, seinen Kaktus beiseite zu schieben» und «Der Baum ist köstlich, Graf Zeppelin».

Mit dem Rowohlt Verlag bzw. seinem Spin-off Rowohlt · Berlin hat Max Goldt schon seit geraumer Zeit zu tun.

MAX GOLDT

Die Chefin verzichtet

TEXTE 2009—2012

ROWOHLT TASCHENBUCH VERLAG

Inhaltsverzeichnis

Weltanschauung in der Seilbahn 7
Touristische Perspektiven für Münster 16
Juliette Gréco 25
Die Chefin verzichtet auf demonstratives Frieren . 31
Fast vierzig zum Teil recht coole Interviewantworten ohne die dazugehörigen dummen Fragen . 45
Tätowiert, motorisiert, desinteressiert –
der Kleinbürger zwischen Statistik und Traum . 54
Ich hatte – verzeihen Sie! – nie darum gebeten,
im Schatten einer Stinkmorchel Mandoline
spielen zu dürfen 64
Großer Spaß 72
Die Elfjährige, die in der Achterbahn ein Kind
ohne Knochen gebar 74
Penisg'schichterln aus dem Hotel Mama 76
Man ist ein bißchen aufgeregt und langweilt
sich trotzdem 78
Otto und Ute genießen die Lebensfreude 87
Am Strand der Birnenwechsler 91
Blumenkübel vor dem Eingang böser
Krankenkassen 100
Der Sprachkritiker als gesellschaftlicher Nichtsnutz und Kreuzritter der Zukunftsfähigkeit . . 136
Sie sehen so lustig aus, wie Sie auf dem Ball
sitzen! 149

Weltanschauung in der Seilbahn

In den letzten Jahren ist es üblich geworden, jeden noch so nichtigen Volksauflauf als eine Riesenparty zu deklarieren, die mit einem Feuerwerk gekrönt zu werden verdient. Wohnt man etwa in Berlin, hört man es praktisch an jedem Wochenende zwischen Mai und September irgendwo in der Ferne krachen und heulen. In dem ständigen Griff zum Sprengstoff sehen die Leute offenbar keine Maßlosigkeit, nicht einmal einen Mangel an Phantasie, vielmehr glauben manche mittlerweile, sie hätten ein Recht darauf, enthemmt durch Suff und Gruppenzwang, Explosionen zu verursachen. Eine Gruppe von Fußballanhängern fordert allen Ernstes, es solle Stadionbesuchern erlaubt sein, nach Toren Raketen zu zünden. Der Titel ihrer Kampagne lautet «Pyrotechnik legalisieren – Emotionen respektieren». Hier liegt ein doppelter Wortmißbrauch vor. Hingen die komischen Damen und Herren, die alljährlich nach dem Unwort des Jahres fahnden, nicht immer nur an den Lippen der Mächtigen und ließen sie statt dessen den Blick etwas weiter schweifen, könnten sie mit «Emotionen respektieren» erstmals eine gute Wahl treffen. Es werden Menschen gezwungen, nach Fußballveranstaltungen öffentliche Verkehrsmittel, Bahnhöfe und zentrale Plätze weiträumig zu meiden, damit sie nicht mit vorsätzlich ausrastenden, knallkörperbewehrten Gruppendynamikern kollidieren. Wenn die Vertreter der sogenannten Fan-Projekte in bezug auf diese selbstherrlich veranlaßte Einschränkung der Bewegungsfreiheit anderer etwas fordern wollen, dann bitte Unterwerfung und achselzuckendes Kleinbeigeben, aber nicht Respekt. Soll man etwa respektieren, daß man sich in der S-Bahn vor Horden fürchtet, die bis an die Halskrause mit sogenannten «gewaltlegitimierenden Männlichkeitsnormen» gefüllt sind? Und was hat man heuzutage außer besoffenem Randalieren eigentlich noch alles unter Emotionen zu verstehen?

Aus TV-Formaten wie «Die 25 emotionalsten Deutschland-Momente» weiß man, daß ein emotionaler Deutschland-Moment z. B. dann entsteht, wenn sich Menschen vor laufender Kamera laut schluchzend umarmen, weil ein Zootier gestorben ist. Als Emotion gilt auch extrem extrovertiertes Quittieren eines Geldsegens: Einmal sah man eine Frau von über Dreißig, die, weil sie wußte, welche von vier aufgelisteten Inseln nicht zu den Ostfriesischen zählt, von ihrem Sessel aufsprang, wie eine Siebenjährige auf und nieder hüpfte, in ärmlichstem Synchron-Deutsch «Oh, mein Gott! Oh, mein Gott! Oh, mein Gott!» schrie und, ohne mit dem Hüpfen innezuhalten, den Moderator einbusselte. «Contenance geht anders», sagt da der kritische Zuschauer, und wem das Wort Contenance zu alt ist, dem sei gesagt, daß Coolness im eigentlichen Sinne fast genau das gleiche wie Contenance ist. Es ist erstaunlich, wie uncool die westlichen Menschen sind, obwohl sie ständig das Wort Coolness im Munde führen.

Emotionen im heutigen Sinne findet man übrigens nicht nur in Stadien und Show-Arenen, sondern auch im Möbelgeschäft. In der Berliner Kantstraße gibt es eines, das an seine Glasfassade mit riesigen Klebebuchstaben (die bestimmt ganz schwer wieder abgehen) geschrieben hat: «Emotionen auf drei Etagen». «Tja, die Verkaufsphilosophie von ‹Living in Style› ist ebend halt, daß wir hier keine banalen Möbel verkaufen, sondern den Freunden unseres Hauses Emotionsträger anbieten wollen, von daher finde ich ‹Emotionen auf drei Etagen› eigentlich einen super Claim», würde der Möbelfritze auf Anfrage sagen. Aber um was für Emotionen geht es denn? Sitzemotionen? Die Emotion, sein Geschirr irgendwo reinstellen zu können? Die Emotion, dem Küchenschrank ein Glas zu entnehmen, um daraus «Römerquelle Emotion Rhabarber-Minze» oder «Römerquelle Emotion Birne-Melisse» zu trinken, um nur zwei aromatisierte Natursprudel aus der Edition «Römerquelle Emotion» zu nennen. Danach greift man erfrischt zur Zeitschrift «Emotion», deren Werbezeile lautet «Inspiration und Impulse für selbstbestimmte Frauen».

Nun also auch noch Inspiration: Wenn die ständige Bestrahlung mit Emotionen nicht reicht, um überglücklich durchs fremdbestimmte Leben zu hüpfen, dann müssen eben Inspirationen her ...

Ich ging in ein Schuhgeschäft und wollte nur mal gukken. Aus diesem soeben in knappen, fast harschen Worten dargelegten Grunde sagte ich zur Verkaufsperson:

«Ich will nur mal gucken.» Zur Antwort kam: «Natürlich! Sich vom Angebot ein bißchen inspirieren lassen! Alles klar!» Man soll also durch das Vorhandensein von Schuhen zum Kauf von Schuhen inspiriert werden. So ist das wohl heute. Wer bei Amazon etwas bestellt hat, erhält bei seinem nächsten Besuch auf der Seite des Versandhauses Hinweise auf zielgruppenähnliche Produkte, und zwar unter dem Rubrum: «Inspiriert von Ihren Stöber Trends». Daß Inspiration heute nichts als ein vulgäres Glamour-Synonym für einen manchmal bloß vom Computer generierten Shopping-Vorschlag geworden ist, verdanken wir unserem heikelsten Kulturvorbild, den US-Amerikanern.

Wenn einer gestorben ist, sagen sie: «All of his life, he's been such an inspiration to me! He's been an amazing inspiration for everybody who knew him.» Will sagen: Man konnte sich mit dem Verstorbenen nett unterhalten. Bekommt einer einen Preis für kommerziellen Erfolg, spricht der Laudator: «We love you all, because you're such an incredible inspiration.» An und für sich hat das Wort Inspiration durchaus eine Bedeutung, und die lautet eben nicht Anregung, sondern Eingebung. Man liegt halbwach im Bette und wartet, daß der Wecker endlich klingelt. Plötzlich kommt was! Ein schöner Satz, eine Melodie oder einfach eine Lösung für ein altes, seit Jahren verschlepptes Problem. Woher das plötzlich kommt? Das weiß man nicht. Von «oben», irgendwie. Strenggenommen vom Heiligen Geist, aber wer weiß in diesen religiös unstudierten Zeiten schon, was oder wer der Heilige Geist sein soll? Der hat ja nicht mal einen langen weißen

Bart, der ist ja nur so ein Konstrukt. Egal – das Konstrukt hat mir eben was eingeflüstert, und das sollte ich schleunigst aufschreiben. So ungefähr geht Inspiration. Man wird also nicht von etwas oder jemandem inspiriert, jedenfalls nicht von Schuhregalen, unterstellter Zielgruppenzugehörigkeit und auch nicht von interessanten Gesprächspartnern, allenfalls von einem hilfreichen Nichts, dem fromme Menschen einen Namen gegeben haben, um nicht in den Ruch zu geraten, mit unbotmäßigem Eigenwillen in Konkurrenz zum Allergrößten zu treten. Für den Unfrommen gilt: Inspiration hat keinen nennbaren Verursacher, sie ist ein anonymer kosmischer Briefträger, der zu nicht einplanbaren Zeiten klingelt. Im übrigen sind, gerade für Künstler, Inspirationen nicht unbedingt ein Segen. Oft sind sie rätselhaft und nicht umzusetzen. Unverstandene, unbewältigte Inspirationen können Depressionen auslösen.

Vor einigen Monaten hatte ich das Bedürfnis, nach langer Pause wieder einmal die Heimat unseres Emotions- und Inspirationsgequassels zu besuchen, nämlich die USA, denn man kann sich dort an manchem erfreuen. Das Flugzeug verschlug mich in das nördliche Kalifornien mit seinen Redwoods, den bekannten Riesenbäumen. Man steht vor den Bäumen und denkt, kaum überrascht, ei, die sind tatsächlich «sehr sehr sehr sehr» groß, aber weil sie auch so viele sind, vermißt man rasch ein interessantes Unterholz und denkt, groß sein ist okay, mehr als okay aber auch nicht. Aus Gründen, die man ruhig Käsegründe oder Schrottgründe nennen darf, kamen wir auf die Idee, die sogenannten Durchfahrbäume abzuklappern. Aus alten amerikanischen Filmen kennt man sie: Baumstämme, die so enorm sind, daß man Durchfahrten durch sie geschlagen hat, ohne sie dadurch ganz zu töten. Inzwischen gibt es nur noch drei Durchfahrbäume in Kalifornien, denn da dieses Land inzwischen sehr «green» und «sustainable» geworden ist, gilt es als extrem unerstrebenswert, sein Auto durch einen vergewaltigten Baum zu quetschen, weswegen nur noch «sozial schwache» Amerikaner in klappernden Klapperkisten und einige Europäer mit «Trash-Bewußtsein» diese Stätten aufsuchen. Seine Außenspiegel jedenfalls muß man vorher wegklemmen, und mit einem SUV würde man eh steckenbleiben. Wer nicht ganz unsensibel ist, empfindet eine gewisse Schande beim Durchfahren dieser ausgehöhlten Bäume und stellt sich unter Umständen vor, wie so ein Baum sich rächen könnte: Ein zum Durchfahrobjekt degradierter Sequoia setzt sich in sein Auto und fährt durch die gespreizten Beine eines zum Durchfahrmenschen entwürdigten Riesenmenschen hindurch. Der jedoch würde nur lüstern kichern, weil die Wipfel des Durchfahrbaums ihn in seiner Juwelengegend «interessant kitzeln» … nun ja, eine gewiß alberne Idee.

Eines Tages fuhren wir mit einer Seilbahn auf eine Anhöhe, und weil es dort außer einer von Eichhörnchen umsquirrelten Seilbahnstation nichts zu sehen gab, fand man Gefallen an der Option, sogleich wieder hinunterfahren zu können. Mit uns in der Kabine saßen drei wenig urban aussehende Menschen, die offenbar Wert darauf legten, als christliche Fundamentalisten erkennbar zu sein; über und über hatten sie sich mit religiös beschrifteten Buttons und Papierrosetten dekoriert. Offenbar waren sie kurz vor ihrer Seilbahnfahrt auf einer «evangelikalen Zusammenkunft» gewesen. Da ich bisher nicht die Erfahrung gemacht habe, daß religiöse Menschen grundsätzlich höhere oder auch nur andere ethische Standards haben als unreligiöse, habe ich im Glauben immer ein im Prinzip liebenswürdiges geistiges Hobby gesehen, das unbedingt zu achten ist. Das Wort «Hobby» mag manchen Gläubigen mißfallen, doch bitte ich zu bedenken, daß es in einer Welt, in der für die lächerlichsten Kleinigkeiten bedenkenlos riesige Begriffe wie z.B. «Inspiration», «Leidenschaft», «Chaos», «Demut» und «Genialität» gewählt werden, daß es in einer solchen Welt von reinigender Relativierung sein könnte, fürs ganz Große einen schmalen, bescheidenen Begriff zu verwenden. «Glauben ist ein schönes und sinnvolles Hobby» – der Gescheite und Bereite wird nicht gleich toben, wenn er so etwas hört. Freilich hatten ich und mein Reisefreundchen keine große Lust, nun ausgerechnet mit den drei genannten, in der Seilbahn abdumpfenden Vertretern ihrer Zunft solcherlei Begrifflichkeiten zu diskutieren oder auch nur die in den USA üblichen, manchmal sympathischen, oft aber auch leicht zwanghaft wirkenden Gespräche darüber zu führen, woher man komme und ob man seine Reise genieße. Irgendwie wirkten sie wie Kleindarsteller aus einem amerikakritischen Horrorfilm. Doch war der Kontakt auf dem engen Raum natürlich nicht zu vermeiden: «Where do you guys come from?» wurde freilich gefragt. Der Ausdruck «you guys» hat mich an Amerika immer gestört. In synchronisierten Filmen wird er im allgemeinen mit «Leute» übersetzt: «Leute, wo kommt ihr denn her?» Nun, die angesprochenen Leute kamen aus Germany, und da sie nun irgendwas reden mußten, sagten sie, daß die Redwood-Bäume «amazing» seien. Sie sagten nicht, daß sie eigentlich einen von Mischlicht beflimmerten europäischen Mischwald bevorzugen würden, das wäre nicht gut angekommen, sondern sie priesen die Überlebenskraft der auch sonst vielgepriesenen amerikanischen Riesenbäume, die ja sogar die schlimmsten Aushöhlungen und Waldbrände gesund und munter überstehen. Ja, sagten die drei Christen, diese Redwoods gehören zu den wundervollsten Kreaturen, die «Gaad» geschaffen hätte. Daraufhin erwiderten wir freilich nicht, daß wir «Gaad» noch weniger mögen als «you guys» und daß wir «Gaad» nicht nur für das schlimmste amerikanische Wort neben «paadi», sondern sogar für ein amerikanisches Spezialmonster halten, das mit dem europäischen Gott nur noch eine etymologische Verwandtschaft habe. Eine Lebensweisheit muß man nämlich kennen und beherzigen: Niemals in Seilbahnen weltanschauliche Fragen diskutieren!

Möglicherweise bleibt die Seilbahn hängen, und man muß stundenlang auf engstem Raum in einer ideologisch aufgeheizten Atmosphäre ausharren! Zudem waren die Mitreisenden ja nur ein wenig widerlich, aber durchaus friedlich, sie setzten nur Buttons, doch keine Knallkörper zur Unterstreichung ihrer Überzeugungen ein. Da noch etwas weiter konversiert werden mußte in der Gondel, erzählten wir von dem extrem heißen Sommer, den wir in Europa erlebt hatten, und von den wochenlangen Waldbränden, die in Rußland, eigentlich gar nicht weit von uns Deutschen entfernt, Zigtausende von Menschen ihrer Behausungen beraubten.

Da sagte einer der Christen: «The Russians? They deserve it!»

Wir saßen also gegenüber von Gläubigen, die glauben, aus ihrer Religion die Auffassung ableiten zu dürfen, Angehörige eines anderen Volkes verdienen nichts Besseres, als in ihren Häusern zu verbrennen. Nach einer Begründung für diese Ansicht mußte nicht gefragt werden: Der gerechte «Gaad» rächt sich mit Waldbränden für den Kommunismus! Nach Ankunft an der Talstation haben wir mit unseren Seilbahnbekanntschaften keine Adressen ausgetauscht.

Es stellte sich darüber hinaus die Frage, ob die leicht gehemmte Art, wie wir in Mitteleuropa kommunizieren, nicht auch ihre Vorteile hat: Mit Fremden unterhält man sich nur, wenn es absolut nicht zu vermeiden ist oder wenn man betrunken ist.

Touristische Perspektiven
für Münster

LIEBHABERN musisch qualitätsvoll tätiger älterer Herren wird die zweite Jahreshälfte 2011 in schlechter Erinnerung bleiben, nahm sie doch gleich drei Exemplare dieser raren Sorte in rascher Abfolge von uns: Franz Josef Degenhardt, Georg Kreisler und Loriot. Degenhardt war den Medien politisch unangenehm, weswegen die Nachrufe knapp ausfielen.

Wortreicher, aber lieblos wurde Kreisler verabschiedet, beispielsweise als «Altmeister des Zynismus» – obwohl doch allenfalls die Verursacher der Verhältnisse zynisch waren, die er in seinen Liedern beklagte – oder als «Meister des schwarzen Humors» – obgleich der «schwarze Humor» eigentlich eine ziemlich simple Sache ist, Geschmunzel über den Tod, eine Masche und Modeerscheinung vor allem der sechziger Jahre, spätestens seit der Serie «Adelheid und ihre Mörder» ein konventionelles Ausdrucksmittel in augenzwinkernden TV-Krimiserien. Die herausragende musikalische Qualität der Kreisler-Lieder blieb in den Nachrufen weitgehend unerwähnt.

Im Falle Loriots hingegen überschlug man sich förmlich vor Respekt.

Der Mann hat offensichtlich in seinem ganzen Leben nichts anderes als tiefe Bewunderung und innige Liebe ausgelöst. Nach seinem Tode schien es ein nationales Tabu zu sein, auch nur ein dezent abwägendes Wort über ihn zu sagen. Es gab nur Superlative. Das am meisten strapazierte Klischee: daß er so unglaublich präzise gearbeitet habe. In Wahrheit hat er so präzise gearbeitet, wie jeder seriös arbeitende Künstler es eben tut, nicht mehr und nicht weniger als das. Den Medienmenschen jedoch ist künstlerische Arbeit im Grunde fremd, weswegen sie unpräzise vor sich hin jubelten. Nicht einmal das sonst so leichtfertig ausgespiene Schmähwort «überschätzt» fiel, nicht ein einziges Mal hörte man auch nur einen relativierenden Satz nach dem Muster: «Natürlich war Loriot großartig, aber ...» Will ich nun etwa derjenige sein, der gegen eine vermeintliche Loriot-Überschätzung zu Felde zieht? Auf keinen Fall will ich das. Es gibt keine Loriot-Überschätzung.

Aber es gibt im Fernsehen einen Haufen sehr einfach gestrickter Unterhalter, die normalerweise alles auch nur leicht Feinsinnige als abgehoben und verkopft, gar als «bürgerliche Kulturkacke» ablehnen, und daß auch diese Leute samt und sonders ganz inniglich ihren Loriot geliebt haben wollen, muß doch zumindest verwundern. Wenn sie ihn alle dermaßen angehimmelt haben, warum haben sie ihm dann nicht ein wenig nachgeeifert?

Ich kenne übrigens einen Mann, der einmal eine kritische Bemerkung über Loriot machte. Das ungewöhnliche Ereignis fand vor gut zehn Jahren in der Schweiz statt. «Ja, die Schweizer, die verstehen die Deutschen sowieso nicht», wird mancher nun abwinken. Doch es handelte sich nicht um einen Deutschenhasser, sondern um einen Mann, der sich der deutschen Kulturnation ohne Wenn und Aber zugehörig fühlt. Aus Sorge um die körperliche Unversehrtheit des tolldreisten Andersdenkenden kann ich seinen Namen und seine Anschrift leider nicht preisgeben, und ich muß zu seiner Entlastung anführen, daß er die unerhörten Aussagen in der Privatheit seiner nächtlichen Küche tätigte, und ja, es war auch schon ein Gläschen Wein getrunken worden. Er sagte, daß er die Schlüsse der beiden Spielfilme Loriots, genauer gesagt, deren jeweils letzte 15 bis 20 Minuten, schlecht fände. Besondere Erwähnung fand eine Szene am Ende von «Ödipussi», in der ein dressierter Hund völlig sinnlos auf seinen Vorderbeinen balanciert. So etwas sei eine Beleidigung des Zuschauers. Man müsse allerdings sagen, daß das Niveau fast immer ins Bodenlose sinke, wenn auf Bildschirmen und Leinwänden Hunde ins Spiel kämen. Ob ich ihm beipflichtete oder ein Küchenmesser in die Brust rammte, weiß ich nicht mehr so genau, das Ganze ist ja, wie gesagt, zehn Jahre her. Als jemand, der sich selbst schon oft in der Verlegenheit befand, Schlüsse zu schreiben, habe ich mir ohnehin einen generell milden Blick auf die Schlüsse anderer Kulturschaffender angewöhnt. Selbst einige der meisterlichen Filme Alfred Hitchcocks enden ganz läppisch, mit auf Produzentengeheiß drangeklatschten Happy-Ends.

Schlüsse sind aber auch wirklich schwierig. Schlüsse zu schreiben ist wohl die schlimmste Zumutung überhaupt. Es sollte Agenturen geben, an die man sich wendet:

«Hier habe ich eine fast fertige Erzählung oder ein fast fertiges Drehbuch, ich bin schon ganz ausgemergelt oder aufgedunsen, jedenfalls einer Ohnmacht nahe von der literarischen Überanstrengung, ich kann einfach nicht mehr! Schreiben Sie mir bitte einen halbwegs plausiblen Schluß! Sie kriegen 250 Euro dafür.»

Über Romanautoren heißt es oft, sie würden ihre Werke von hinten nach vorn schreiben, also zuerst das Ende festlegen, um sich daraufhin langsam zum Beginn durchzuwühlen. Es ist nicht literarisches Wissen, sondern Menschenkenntnis, die mich veranlaßt, ein solches Verfahren für schwer durchführbar zu halten. Filmschaffende und Schriftsteller blicken neidisch auf die sehr nützliche popmusikalische Erfindung der ausgeblendeten Coda, einem schleifenartig wiederholten Motiv, das immer leiser wird. Eine wunderbar unangestrengte und elegante Lösung. Das allwissende Internet sagt mir nun übrigens, daß die akustische Blende keineswegs eine Erfindung der Popmusik sei, sondern erstmals bereits 1916 live in concert praktiziert wurde, und zwar bei der Komposition «Die Planeten» von Gustav Holst. An dessen Ende verließ der Chor singend die Bühne, schloß singend die Türen und ging singend durch den Bühneneingang ins Freie. Dort zündete man sich vermutlich singend Zigaretten an. Der Nachteil eines solchen Procedere ist freilich, daß die Sänger den Beifall nicht hören konnten. Aber ein erfahrener Chor kann sich ja denken, wie sich Applaus anhört.

Auch Loriot hätte rein theoretisch ein Fade-out einsetzen können. Binnen zehn Minuten wäre die Leinwand kaum merklich immer heller und der Ton immer leiser geworden. Doch der Markt hätte eine solche Lösung nicht verkraftet. Die Zuschauer hätten aufgebracht an das Fenster des Filmvorführers geklopft, wären gar in dessen Kabuff eingedrungen, hätten ihm den Gürtel aus den Schlaufen gezogen, seine Kaffeetasse umgestoßen und was ein Mob sonst für Greueltaten begehen kann. So schlecht waren die Schlüsse seiner Spielfilme nun auch wieder nicht. Es muß anerkannt werden, daß er der Versuchung widerstand, seine Filme so enden zu lassen, wie herkömmliche Komödien, aber auch viele Woody-Allen-Filme enden, nämlich in Turbulenz, mit sich überschlagenden Ereignissen und immer schnelleren Schnitten. Also durchaus ein leichtes «Hut ab» vor den etwas tüddeligen Schlüssen!

In naher Zukunft allerdings, spätestens zu seinem neunzigsten Geburtstag 2013, wird ein ganzer Schwung von Loriot-Biographien auf den Markt geworfen werden, eine davon wird kaum vermeidbar von Matthias Matussek oder dem anderen, Hellmuth Karasek, sein, doch, um den Gesetzmäßigkeiten des Marktes Genüge zu tun, müßte auch wenigstens eine «kritische Biographie» darunter sein. Irgend jemand wird sich dafür nicht zu schade sein.

Auf Interviews basierende kritische Biographien sind von Natur aus anmaßend. Freunde und enge Angehörige werden nicht zur Verfügung stehen für solche Sockelsturzversuche, also werden irgendwo ein paar uralte Übelnehmer aufgestöbert, eine verschmähte Verehrerin etwa oder ein überforderter Schauspieler, der gegen einen besseren ausgetauscht wurde. Eventuell könnte sich noch eine ehemalige Haushälterin auftreiben lassen, der gekündigt wurde, weil sie in seinen sekretierten Unterlagen geschnüffelt hat und die seitdem einen unbändigen Hass auf den großen Mann in sich trägt. Der feine Herr von Bülow sei in Wirklichkeit ein schlimmer Dreckspatz gewesen, könnte sie sagen, sogar Bertolt Brecht habe, verglichen mit ihm, angenehm gerochen; im Waschbecken des Komikers seien regelmäßig Bartstoppeln gelegen, die sie, mit dem Würgereiz kämpfend, fortwischen mußte. Aber das reicht noch nicht für einen nationalen Schock. Man müßte viel stärkeren Tobak auffahren. Würde aber jemand der Behauptung Glauben schenken, Loriot habe eine geistig behinderte Tochter im Keller verwahrt, die 40 Jahre lang von ihm mißbraucht wurde? Kaum. Auch die Geschichte mit der größten Pornosammlung der Welt, die nach dem Sturz von Diktatoren regelmäßig zu hören ist, würde auf Loriot übertragen einfach nicht zünden. Man müßte die Demontage wohl subtiler anstellen. Durchsickern lassen, seine Filme seien von Scientology finanziert worden! Und zwar ohne sein Wissen. Der Produzent Horst Wendlandt habe mit seiner dicken Pfeife oder dicken Zigarre – oder was auch immer er Dickes im Munde gehabt haben mag – eines Tages zu Loriot gesagt: Hier, Herr von Bülow, hier haben Sie eine Reisetasche voll Geld, machen Sie mal einen schönen Film. Kein Wort über Scientology – der arme Loriot in seiner blauäugigen Menschenfreundlichkeit ist von seinen durchtriebenen Financiers einfach hinters Licht geführt worden! Glaube ich aber auch nicht. Drogengeschichten gehen nicht, Swingerclubs gehen nicht, und nur mit sehr viel Ach und Krach könnte man ihm eine Stasi-Verstrickung andichten. Vielleicht unterhielt er wenigstens geheime Kontakte zu Christiane Hörbiger? Das wäre immerhin glaubwürdig, aber leider total unschlimm. Es ist vermutlich leichter, einen Sack Flöhe zu hüten als eine kritische Loriot-Biographie zu schreiben.

Gibt es denn wirklich gar nichts, was man dem geliebten Mann ernstlich vorwerfen könnte? Doch, eine Winzigkeit, auf die zu stoßen man lange im Internet wühlen muß. Es findet sich dort ein Photo aus dem Jahre 2007, auf dem Loriot am Rande einer Aids-Gala einen Buddy-Bären signiert. Zumindest bei einem Mann von Bildung und Geschmack darf man in mangelnder Distanz zu Buddy-Bären eine kleine Schwäche sehen. Diese plumpen Werbefiguren aus Kunststoff, von internationalen Dilettanten blödsinnig bunt bemalt, stehen nun schon seit geschlagenen zehn Jahren nicht nur in Berlin, aber vor allen Dingen dort, in zum Teil grauenerregend großen Anhäufungen herum, und zwar mit Billigung, ja sogar Unterstützung einiger regionaler Politiker. Von der breiten Öffentlichkeit sollen sie als Kunst, fröhlich und völkerverbindend, wahrgenommen werden. Da es überall an Kunsterziehung fehlt, werden sie leider tatsächlich so wahrgenommen. Einmal sah ich einen Mann, der angesichts der Plastikbären zu seiner Familie sagte: «Das ist also die berühmte Street Art von Berlin!» Die Bären stehen für Toleranz und Vielfalt. In der Tat braucht man Toleranz, um ohne Aggression an ihnen vorbeizugehen; wie sie hingegen mit Vielfalt in Verbindung gebracht werden sollen, kann man nicht erklären, denn sie verbreiten ein Bild der Armseligkeit, Phantasielosigkeit und Monotonie. Daß sie kaum je Gegenstand von Vandalismus werden, liegt einerseits daran, daß sie wohl den ästhetischen Vorstellungen von Vandalen entsprechen, andererseits aber auch daran, daß sie optisch eher gewönnen, wollte man sie ankokeln, umschmeißen oder mit kritischen Aufklebern versehen. Kaputtkriegen kann man sie wahrscheinlich nur mit extremem physischen Aufwand. Nicht gescheut hat diesen Aufwand ein Künstler namens Andreas Siekmann, der sich mit dem kommerziellen Mißbrauch öffentlichen Raums auseinandersetzt. Er ließ dreizehn dieser Bären und verwandte Figuren aus anderen Städten mit einer Schrottquetsche zu einer Kugel zusammenpressen, die nun auf dem Erbdrostenhof in Münster gut zu finden und liebzuhaben ist. Eine wackere Aktion!

Wie schade, daß Herr Siekmann nicht seriell arbeitet, denn es stehen noch sehr viele Bären, Schweine, Beethovens, Pferde und so weiter in deutschen Städten, und Münster würde sich durch das Aufstellen einiger hundert zusätzlicher Schrottkugeln einen enormen touristischen Zustrom durch teils schadenfreudige, überwiegend aber redlich erfreute Bärengegner sichern.

Auch Loriot hätte den ihm zum Signieren zugewiesenen

Buddy-Bären besser zermalmen, zertrampeln oder sonstwie zerquetschen sollen, als sich lächelnd neben ihn zu stellen. Man kann jedoch einem Mann in den Achtzigern nicht vorwerfen, daß er seine schwindenden Körperkräfte nicht für die Zerstörung extrem robuster Werbefiguren einsetzen mochte. Eine seriöse kritische Biographie ist somit unangebracht, ja sogar unmöglich.

Juliette Gréco

In einer wenig belebten städtischen Wohnstraße spazieren zwei einander unbekannte, nicht besonders alte und völlig normal aussehende Personen, Mann und Frau, aufeinander zu. Statt daß sie jedoch grußlos aneinander vorbeigehen, beginnen sie unvermittelt ein Gespräch, welches sich trotz des unerquicklichen Inhalts in fast durchgängig munterem, teils sogar ausgelassenem Ton abspielt.

ER: Hallo, gnädige Frau! Hätten Sie vielleicht Lust, etwas über die herrlichen deutschen Mittelgebirgswälder zu erfahren?

SIE: Dazu habe ich leider nicht die geringste Lust. Aber wir können gern darüber sprechen, wie unglaublich häßlich wir beide sind.

ER: Eine prima Idee! Neulich bemerkte jemand, die einzige Konstante in seinem Leben sei der Nahostkonflikt im Fernsehen. Immer sei da mächtig was am Knallen und Stauben. Bei mir gibt es noch eine zweite Konstante: meine Unattraktivität. Halbwegs in Ordnung sah ich nur mit Mitte, Ende Zwanzig aus, aber ausgerechnet in diesen wertvollen Jahren hatte ich eine ungustiöse sogenannte New-Wave-Frisur.

SIE: Ich habe sogar heute noch eine ungustiöse New-Wave-Frisur. Schauen Sie mich doch nur einmal unverzagt an! Ist es nicht kurios, wie viele von uns älteren

Frauen heutzutage mit diesen lila oder dunkelroten Stachelfrisuren herumlaufen zu müssen meinen? Und diese obszön engen Jeans, die wir immer tragen! Man mag teilweise gar nicht glauben, wie wir von hinten aussehen in unseren heißgeliebten Omajeans! Ist es Selbstbewußtsein, das uns so umherlaufen läßt, oder einfach nur Schamlosigkeit?

ER: Wir älteren Herren, die wir unser Lebtag nicht mehr aus unseren Jeansanzügen herausfinden, stehen euch Damen in nichts nach! Gucken Sie mal, wie ausgeboddelt meine Hose an den Knien ist und wie außerordentlich unelegant sie auf die Schuhe fällt. Und immer rutscht sie! Ich kann sie zehn Mal am Tag hochziehen, aber durch die Wampe wird sie immer wieder nach unten gedrückt.

SIE: Wampe habe ich auch. Am schlimmsten sehe ich aus, wenn ich sitze. Die Brust bildet eine Wulst, der Bauch bildet eine Wulst, und dazwischen befindet sich eine gleich starke Zwischenwulst mir unbekannten Namens. Ich habe eine regelrechte Baumkuchenfigur.

ER: Das ist trefflich gesagt. Wissen Sie eigentlich, welche Stadt sich rühmt, Erfindungsort des Baumkuchens zu sein? Ich sag's Ihnen: Salzwedel in der Altmark. Aber wenn Sie sich nicht für deutsche Mittelgebirgswälder interessieren, interessiert Sie das vermutlich ebensowenig.

SIE: Doch, doch!

ER: Salzwedel in der Altmark. In Sachsen-Anhalt. Dem Bundesland, wo gemäß einer jüngst publizierten statistischen Erhebung die dicksten Deutschen wohnen. Apropos: Vor einigen Jahren saß ich nackt and angezwitschert vor dem Spiegel meiner Frisierkommode und schrieb in mein Tagebuch ...

Sie: Wieso besitzen Sie denn eine Frisierkommode? Sie sind doch vollkommen unfrisiert.

Er: Die hat mir meine Frau hinterlassen, als sie mir fortlief, weil ich so unansehnlich bin. Also, ich schrieb in mein Tagebuch: Ich bin fett wie Robbenmilch, habe einen Teint wie eine Sellerieknolle, genauer gesagt bin ich picklig wie die Himmelsscheibe von Nebra, obendrein dröge wie ein Steinkohlefunktionär und momentan – momentan blau wie Sabine Christiansens Kugelkino.

Sie: Blau wie wessen Kugelkino?

Er: Sabine Christiansens. Es ist vielleicht schon ein wenig in Vergessenheit geraten, daß ihre – räusper – «schmerzlich vermißte» politische Talkrunde aus einem blau verschalten Kugelkino nahe der Berliner Gedächtniskirche übertragen wurde.

Sie: Das hatte ich tatsächlich glatt vergessen. Obwohl ich mir die Sendung jahrelang jeden Sonntag angesehen habe. Welchen Lebensgewinn hat mir das eigentlich gebracht? Fett gemacht hat mich mein sogenanntes politisches Interesse, sonst gar nichts! Wer erstattet mir die auf dem Sofa vergurkte Lebenszeit zurück?

Er: Ich habe übrigens ganz viele abstoßende rote Pünktchen auf den Oberarmen.

Sie: Und ich grauenhaft ungepflegte Füße. Übrigens las ich neulich ein wunderbares Interview mit Juliette Gréco, in welchem sie sagte, sie sei in bezug auf Erotik in einem völlig unakzeptablen Alter. Das fand ich so erfrischend, daß ich dachte, wer so etwas sagt, verdient mein Interesse. Ich schoß in den nächstbesten Media-Markt und kaufte mir ein Album von ihr.

ER: Ich bin ja mehrere Jahrzehnte jünger als Juliette Gréco, aber auch schon völlig unakzeptabel. Wer will denn von jemandem mit Pünktchen auf den Armen liebend umfangen werden?

SIE: Ach, Sex im Alter – das ist doch nur ein Thema für Apothekenzeitschriften. Oder fürs Fernsehen, wenn sie wieder mal der Christiane Hörbiger eine schöne Rolle aus dem Leib schneiden müssen!

ER: *Aus* dem Leib *schneiden*? Sie meinen wohl eher: *auf* den Leib *schneidern*!

SIE: Ja, freilich.

ER: Also, die einzige Musik aus den achtziger Jahren, die ich noch immer ab und zu höre, sind die Platten von Siouxsie & The Banshees.

Lange irritierte Pause

SIE: Hm! Was Sie eben gesagt haben, paßt doch überhaupt nicht zu unserem bisherigen Gespräch!

ER: Das stimmt. Der Satz stammt aus einem Gespräch mit meinen Freunden Julian und Timo, das ich heute abend in unserer Stammkneipe führen werde. Manchmal verirrt sich halt ein Satz von einem Gespräch ins andere. Kennen Sie das nicht?

SIE: Eigentlich nicht. Und mich wundert auch, daß Sie

schon jetzt wissen, was Sie heute abend zu Ihren Freunden sagen werden.

Er: Wir reden ja praktisch immer das gleiche. Erbärmlich: drei reife Männer, die stundenlang über Platten und noch mehr über Filme reden, immer auf die gleiche Weise: Ja, *den* find ich sehr gut, aber *den* find ich eher nicht so gut – es sagen zwar alle, daß *der* wahnsinnig gut ist, aber, ich weiß nicht, ich find ihn eher überschätzt, aber vielleicht nicht so sehr überschätzt wie den und den …

Sie: Ja, solche Popkulturgespräche sind wirklich erbärmlich, besonders dann, wenn sie aus der ständigen Bekundung bloßer Vorlieben und Abneigungen bestehen, wenn trotz jahrelangen Konsums versäumt wurde, irgendeine Art von Kriterienkatalog zu entwickeln, wenn ständig von irgendeinem Geschmack die Rede ist, den zu erarbeiten sich aber keiner je die Mühe gemacht hat.

Er: Meinungspingpong kläglichster Art!

Sie: Ich sehe schon: Sie und Ihre Freunde scheinen zu jener traurigen Sorte von Männern zu gehören, deren gravierendster Lebenseinschnitt in der Umstellung von VHS auf DVD bestand.

Er: Sie sprechen's aus!

Sie: Aber warum treffen Sie sich denn überhaupt weiter mit Ihren Freunden, wenn Sie der Gespräche so überdrüssig sind?

Er: Man möchte sein Bier eben nicht allein trinken.

Sie: Oh, da kann ich Ihnen aber einen schönen Ratschlag geben. Man muß sich keineswegs ständig mit seinen redseligen Freunden treffen, nur um sein Bier nicht allein zu trinken. Trinken Sie doch mit den Friedhofsgärtnern! Das sind Männer, die durch harte Arbeit und triste Umstände schweigsam geworden sind. Kaufen Sie sich ein Sechserpack und teilen Sie es mit den Gräbern und Gärtnern! Die werden schlecht bezahlt und sind Ihnen sicherlich dankbar!

Er: Sie sind eine wunderbare Frau! Ja, ich werde auf den Friedhof gehen. Julian und Timo sollen heute mal zu zweit über ihre ewigen Bonus-Features, Überspielungsqualitäten, Kodierungen und so weiter reden. Die merken doch gar nicht, wenn ich fehle.

Sie: Das glaube ich auch.

Die Chefin verzichtet
auf demonstratives Frieren

FRAUEN, so verkündet die Presse, essen weniger Wurst. Weniger Fleisch auch. Somit speisten sie klimagerechter. Weibliche «Ernährungsmuster» verminderten daher den landwirtschaftlichen Flächenbedarf. Dies sei an der Universität Halle nach Auswertung einer «nationalen Verzehrstudie» herausgefunden worden. Eine Fläche von der Größe Schleswig-Holsteins würde frei, wenn sich Männer wie Frauen ernährten.

Nach dem Lesen dieser Meldung mag sich mancher die klamme Frage gestellt haben: Würden auch Städte wie Kiel, Flensburg und Lübeck verschwinden, wenn Männer ihre Ernährung der weiblichen anglichen? Aber, durchaus kapiert, es geht ja nicht um Schleswig-Holstein selbst, sondern nur um eine Fläche von der Größe dieses Bundeslandes. Des weiteren könnte man sich fragen, ob die Wissenschaftler aus Halle neben dem Fleischkonsum auch jene Becher mit aromatisch grellen Joghurt-Süßspeisen in Betracht gezogen haben, von denen man recht kaputtgefressen wirkende Frauen schon vier Stück hintereinanderweg hat leerlöffeln sehen? Und was ist mit solchen weithin als gesundheitsundienlich geltenden Damenlebensmitteln wie «Joghurette» oder «Toffifee»? Würden Männer dem Klima nützen, wenn sie anfingen, «Joghurette» zu essen?

Immer wieder läßt man uns zudem wissen, daß Frauen sich nicht nur körperlich, sondern auch geistig besser ernährten. 80 Prozent aller Bücher werden von Frauen gekauft, heißt es. Das mag durchaus sein. Würde man jedoch aus der Rechnung jene der «Joghurette» entsprechenden Verlagserzeugnisse herausnehmen, die ausschließlich zum kuscheligen Zeittotschlagen hergestellt werden und sich auf das konzentrieren, was man mit dem gewiß unklaren Begriff «gute Literatur» zu bezeichnen pflegt, würden Männer statistisch weit weniger illiterat dastehen.

Nach den Themen Ernährung und Lektüre nun einige milde, fast schon gewichtslose Worte zum Tanz. Als ich im Schulfetenalter war, gab es landläufig die unwidersprochene Überzeugung, daß Jungen kein Rhythmusgefühl hätten und überhaupt nicht tanzen könnten. Dies hinderte mich nicht daran, mit wildestem Körpereinsatz und ganz und gar nicht raumsparend über die Tanzfläche zu fegen, genau wie manch andere Knaben auch. Nicht selten stieß man aneinander oder gegen ein Möbel. Es war daher richtig, daß die Schulfeten nie im Biologie- oder Chemieraum stattfanden, denn es wäre zu schönen Malheurs gekommen, wenn man gegen eine der Vitrinen mit den eingelegten Reptilien oder der rauchenden Schwefelsäure geknallt wäre. Die Mädchen dagegen tanzten überaus sparsam: Mit den Füßen machten sie gar nichts, sie standen fest wie Soldaten beim Appell. Sie bewegten nur die angewinkelten Arme auf und nieder wie heutige Senioren, die mit Nordic-Walking-Stöcken quakend und stechend Städte und Landschaften auf und nieder wandern.

Ihr hauptsächlicher Ehrgeiz war, auf keinen Fall hinzufallen. Besonders gelangweilt sahen sie aus, wenn sie bei dieser energiearmen Bewegungsart auch noch Kaugummi kauten. Natürlich kann es sein, daß meine Erinnerung an frühjugendliche Tanzveranstaltungen durch den langen zeitlichen Abstand getrübt ist; doch heute haben wir «YouTube» und damit Gelegenheit, mancherlei nachträglich zu überprüfen. Sehr gern schaue ich mir Clips aus der BBC-Sendung «Top of the pops» an, deren Produzenten Dekorationsjugendliche zu verpflichten pflegten, zu Playbackvorführungen aktueller Hitparadenknüllerlieferanten zustimmend abzugrooven. Derwischartiges Herumtoben einzelner extrovertierter Knaben ist in solchen Sendungen vermutlich nicht toleriert worden, und daher kann man sehen, was gesehen werden muß:

Beide Geschlechter tanzten gleich schlecht. Mädchen konnten und können es nicht besser. Desinteressiert und lethargisch tanzten Jungen wie Mädchen vor sich hin, keinerlei Ekstase war zu sehen, bloß Gesichter, die sagten: «Hoffentlich können wir bald nach Hause gehen!» Keiner schien auch nur ein bißchen Spaß an diesem Herumwackeln zu haben.

Können, generell betrachtet, Frauen überhaupt irgend etwas besser? Vielleicht eines: Wenn ich ein Taxi bestellt habe, freue ich mich immer, wenn der Wagen von einer Frau chauffiert wird. Dann kann ich mich während der Fahrt entspannen, weil ich mich nicht vor den lächerlichen Wutausbrüchen fürchten muß, mit denen die männlichen Fahrer regelmäßig die Fahrgäste belästigen, wenn ein anderer Verkehrsteilnehmer ihrer Meinung nach irgendwas falsch gemacht hat. «Hamse det jesehen? Der Eierkopp hat doch wohl den Arsch offen!» Wenn eines Tages eine Universität herausfinden sollte, daß Frauen geschmeidiger und ruhiger Taxis steuern, weil sie sich während ihrer Wartepausen durch die Lektüre idiotischer Romane milde stimmen, will ich gegen diese Art von Büchern nie wieder ein Wort sagen.

Ich habe kein sonderliches Interesse an Fragen des «Gender Mainstreaming», und auch die Frauen, die ich kenne, sind auffällig unisono dagegen, so auffällig, daß man schon wieder skeptisch werden könnte. Allerdings habe ich ohnehin immer eine gewisse Vorliebe für den Frauentyp der natürlichen Chefin gehabt, man könnte auch sagen: für den Drachen. Mit Drachen habe ich immer besser Kirschen essen gekonnt als mit Mäuschen. Die natürliche Chefin sagt: «Zum Benachteiligen gehören immer zwei – einer, der benachteiligt, und einer, der sich benachteiligen läßt.» Anschließend bietet mir die natürliche Chefin etwas zum Essen, Trinken oder Rauchen an und spricht: «Sie sind doch auch so eine unter ungünstigen Umständen zur Rücksichtslosigkeit fähige Person wie ich!» Gewiß. Bin ich, ja, bin ich ohne Zweifel. Aber: Nicht alle Frauen sind natürliche Chefinnen, und daher ist die Gleichstellungsbeauftragte keine natürliche Feindin von mir. Sie mag mancherorts Sinn, Zweck und Nutzen haben.

Das Schlimmste an jenen sprachlich-sozialen Regulierungsversuchen, die man in dem Begriff «political correctness» zusammenfaßt, sind die reflexartigen Provokationen dagegen, die Stänkereien reaktionärer Giftknilche, die in jeder Frauenbeauftragten den Leibhaftigen sehen und sich bei ihrem Herumgepeste im Internet vorkommen wie Widerstandskämpfer, die sich auf keinen Fall verbiegen und den Mund verbieten lassen wollen vom sogenannten Zeitgeist. Die Anti-PC-Giftknilche gehören tatsächlich zum Allerschlimmsten, was es heute gibt. Trotzdem habe ich mir ein Schmunzeln nicht verkneifen können, als eine Freundin mir unlängst erzählte, ihr sei fast schlecht geworden, als sie die, wie sie sich ausdrückte, «dämonische Frauenbeauftragte» des Bezirks Friedrichshain-Kreuzberg – oder welcher Berliner Bezirk auch immer es gewesen ist – mit Wangenküssen begrüßen mußte.

Ein zweites Trotzdem: Es gibt in dem, was man das «allgemeine Quatschen und Meinen» nennen könnte, Ansätze zu einer gewohnheitsmäßigen verbalen Besserstellung von Mädchen. Alle so fleißig, zielstrebig, bessere Schulnoten! Usw. – Jungs dagegen? Überwiegend Pornos glotzende Messerstecher, die nie ein Buch in die Hand nehmen. Eine hochangesehene Literaturkritikerin tritt mit einem Lesungsprogramm auf, welches heißt: «Starke Frauen, schwache Männer.» Wie kann sie nur? Ist sie geistig tot? Will sie eine auf den Applaus der Liebhaber einfachster Parolen erpichte groteske Kitschtante sein? Frauen sind nicht stark und Männer nicht schwach. Nur

Individuen können stark oder schwach sein. Noch ein spezielleres Beispiel: Im Radio wurde eine Gesellschaftswissenschaftlerin zum Thema «häusliche Gewalt» befragt. Sie räumte ein, daß Gewalt in häuslichen Lebensgemeinschaften durchaus auch von Frauen ausgehen könne, nur zeige sich die Gewalt in diesen Fällen in subtilerer Form, etwa auf die Art, daß die Frau dem Mann, scheinbar versehentlich, kochendes Wasser auf die Hand gießt. Selbst wenn es um etwas so Gemeines geht, jemand anderen absichtlich zu verletzen, muß offenbar, wenn die Gemeinheit von einer Frau ausgeht, ein positives Wort wie «subtil» verwendet werden. Was soll daran subtil sein, einem anderen Menschen kochendes Wasser auf die Hand zu schütten?

Ich möchte das beschriebene Meinungsschema, eigentlich «nur so», geradezu spaßeshalber, leicht anknabbern, indem ich den Blick auf einen Ort lenke, wo man regelmäßig ziemlich untalentierte junge Individuen weiblicher Art trifft: die Rezeptionstheken internationaler Hotelketten. Es sind meistens sehr junge Frauen, die einen dort «in Empfang nehmen», weil kaum eine von ihnen die Probezeit übersteht und die Geschäftsleitung an der ewigen Hoffnung festzuhalten scheint, der nächste Jahrgang werde Besseres bringen. Viele tragen Anstecker, auf denen steht: «Ich lerne noch!» Antwort-Anstecker, auf denen es heißt «Das ist aber auch bitter nötig!», wären unter Hotelgästen wahrscheinlich Verkaufsschlager. Man kann zum Beispiel durchaus lernen, Sätze, die man häufig zu sagen hat, nicht so vorzutragen, daß sich der Angesprochene vom ersten Moment an unwillkommen fühlt. Häufig verhaspeln sich die Jungrezeptionistinnen beim Herunterleiern des Begrüßungssatzes auch noch, und daß sie einen dabei keines Blickes oder nur eines ganz kalten Blickes würdigen und auf ihrer Tastatur herumtippen, gilt fast schon als normal. Fragt man sie nach einem Geschäft oder einer Sehenswürdigkeit, sagen sie: «Tut mir leid. Ich wohne hier nicht.» Hat man die Guteste danach gefragt, wo sie wohnt? Keineswegs – man hat sie nach dem Englischen Garten in München gefragt. Den Weg dorthin sollte sie auch dann kennen, wenn sie erst neunzehn ist und den ersten Tag im Amt. Das dreimal zu sagende Zauberwort unserer Tage lautet nämlich keineswegs «Bildung, Bildung, Bildung», sondern «Interesse, Interesse, Interesse», und «Interesse» bedeutet zunächst immer Interesse an der nächsten Umgebung. Und müssen sie beim Auschecken immer den niederziehend sinnlosen Satz sagen: «Kommt bei Ihnen noch was aus der Minibar oder der Tiefgarage dazu?» Was soll denn bei einem Hotelgast aus der Tiefgarage dazukommen? Mäuse? Kellerasseln? Oder sollte etwa das Auto Nachwuchs bekommen haben?

Man sage nun bitte nicht, diese Sätze seien von der Geschäftsleitung vorgeschrieben. Man kann sie variieren, und manche charmanten Hotelmitarbeiterinnen tun das auch. Einige sind so liebenswürdig, daß man denkt: Was wäre es schön, mit dieser jungen Dame in heimelig beleuchteter Chancengerechtigkeit in einem Hutzelhäuschen am Waldesrand zu leben? Die meisten sind jedoch nicht liebenswürdig. Sie klauen einem das Geschirr vom

Tisch, kaum daß man sich für eine winzige Minute zum Frühstücksbuffet begeben hat, um noch ein Scheibchen Aufschnitt einzuheimsen. Und gibt es eigentlich nur noch Herrenfriseure? Es kann doch nicht die Lösung sein, die strubbeligen Haare einfach mit Klemmen platt an den Kopf zu heften. Gewiß, das Lehrgeld ist knapp. In früheren Zeiten haben sich Frauen, die kein Geld für den Friseur hatten, noch gegenseitig die «Haare gemacht», wie man es ausdrückte. Die Ergebnisse dieser nachbarschaftlichen Vorgänge waren nicht immer erhaben, aber es ließ sich doch immerhin ein guter Wille erkennen.

(Pädagogische Zwischenbemerkung über den Charme sowohl der Damen wie der Herren:
Du kannst auf die altehrwürdigste Schule gegangen sein, du kannst mit einem Vater gesegnet sein, der irgendeinem internationalen Superkäse vorsteht, mit einer Mutter in Daunenjacke, die jeden Vormittag mit einem Pick-up-Auto voller grauer Windhunde zu einem zwanzig Kilometer weit entfernten See fährt, du kannst bereits im Alter von drei Jahren zehnmal in New York gewesen sein – wenn du keinen Charme hast, bist du bloß ein gutsituiertes Knochengestell. Ebenso kannst du aus einem übelriechenden Hochhaus kommen, dem südöstlichsten Südosten irgendeiner widerlichen kranken Stadt entstammen, du kannst Zähne haben wie ein Biber, Füße wie ein Trampeltier – wenn du imstande bist, jemandem ein unverhofftes Lächeln zu schenken und spontan ein bißchen zu plaudern, dann hast du eine

Chance, und zwar eine große. Charme! Die letzte Instanz einer ausgleichenden sozialen Gerechtigkeit. Kannst du nicht lernen, kannst du nicht kaufen, kannst du nur haben. Stöber mal ein bißchen in dir, schau nach, ob er nicht irgendwo in dir sitzt und auf Verwendung wartet, dieser Charme! Ich glaube, ja! Entdecke ihn in dir und versuche, die Welt oder wenigstens irgendein einzelnes Menschlein damit zu beglücken. Nichts ist so gerecht wie der Charme, vom Tod einmal abgesehen. Vergiß den letzten Halbsatz!)

Schließlich sei noch von den Stimmen junger Damen die Rede. Es gibt eine Entenart namens Knäkente (Anas querquedula). Der Name dieses Vogels, der wohl seine Lautäußerungen widerspiegelt, fällt mir stets ein, wenn ich eine bestimmte Art von Frauenstimme höre, die in letzter Zeit häufiger geworden zu sein scheint, eine gepresste, ja gequetschte, auf jeden Fall grell und unwarm klingende Stimme, die wahrscheinlich auf den Genuß falscher Vorbilder zurückzuführen ist. Junge Frauen, die, und sei es auch nur insgeheim, so sein möchten wie etwa Heidi Klum, Paris Hilton oder Verona Pooth gelingt es oft in erschreckender Weise, zumindest wie diese zu klingen. Sie sägen ihre Worte regelrecht in die wehrlose Luft. Unter reiferen Damen ist eine solche stimmliche Disposition seltener anzutreffen, sie scheint sich mit den Jahren wegzuleiern. Ich möchte gewiß niemanden tadeln, nur weil er nicht wie Harry Rowohlt klingt, aber eines ist doch auffällig und daher bedenkenswert: Bei Frauen, die in

Wirtschaft und Politik gehobene Positionen einnehmen, findet sich die beschriebene Quetschstimme nie. Zwar haben nicht alle Politikerinnen so angenehme Stimmen wie Angela Merkel oder Ursula von der Leyen, aber so richtig fies greinend klingt keine. Der Knäkentensound scheint somit ein richtig «effizienter» Karrierehemmer zu sein wie sonst nur weiße Fingernägel, «aufgestellte» Ponys oder Jeans mit bestickten Gesäßpartien. Nun, benachteiligende Hosen kann man an Bedürftige weiterreichen, aufstiegsundienliche Fingernägel abbrechen, wegkauen oder mit Pflaster umwickeln, aber wie wird man der stimmlichen Mißverhältnisse Herr? In den seltensten Fällen müßte operiert werden, meistens würden ein paar Besuche beim Logopäden ausreichen.

Ein großes Problembewußtsein in Fragen des Redeklangs scheint jedoch nicht zu bestehen, selbst in den Weiten des Internets findet sich kaum etwas über die Therapie stimmlich fehldisponierter junger Damen. Wie es so oft ist: ein hochinteressantes Thema, und man hat mal wieder keinen Menschen, mit dem man darüber reden kann.

Da traf es sich nicht schlecht, daß ich neulich nach fast vierzig Jahren ein ehemaliges Mädchen wiedertraf, eine Klassenkameradin, die in eine andere Stadt gezogen ist, als wir in der Siebten waren. Sie war damals ein modisch freches Teenage Girl mit Migrationshintergrund, jetzt geht sie höchst erfolgreich einer seltsamen Berufstätigkeit nach.

Wie der Beruf heißt, weiß ich gar nicht, wahrscheinlich irgendwas mit «Consulting». Sie fährt durchs Land, besucht Unternehmen, nimmt das Personal ins Visier und teilt der Geschäftsleitung mit, welche Mitarbeiter sie behalten könne und welche man lieber entlassen solle. Mit denen, für deren Verbleib sie sich ausspricht, führt sie anschließend Einzelgespräche, in denen sie den Mitarbeitern sagt, daß sie falsch sitzen, falsch gehen, falsch sprechen, falsch gucken, falsch lachen und sich falsch kleiden. Ein wahrer Horrorberuf also, doch die alte Kameradin übt ihn gern aus und daher sicher gut. Ich dachte: Fein, so habe ich endlich eine Ansprechpartnerin gefunden zum Thema «Entenstimmenphänomen».

Mit dem Begriff «Entenstimmenphänomen» bin ich übrigens keineswegs zufrieden, er ist eine lächerlich und verharmlosend klingende Notlösung, da ich keinen Logopäden kenne, den ich um einen seriösen Fachbegriff bitten könnte, und ich bin ja auch kein Journalist, der dreist irgendwo anruft und fragt: «Wie heißt'n das, wenn Frauen so quäken?» («Hyperfunktionelle Dysphonie», bekäme man zu hören.) Die alte Kameradin führte aus, daß sie bislang nicht mit Logopäden zusammengearbeitet habe, auf jeden Fall sei die Stimme ein Problem, auch bei Männern, die bisweilen zum Dröhnen neigen, aber doch häufiger bei Frauen. Meine Vermutung, daß das beschriebene Stimmproblem bei beruflich höhergestellten Frauen nicht vorkomme, sei jedenfalls richtig. Ich fragte nun, an was es ihrer Erfahrung nach denn liege, daß Frauen auf der Karriereleiter so häufig auf den mittleren Sprossen eindösen.

Der Glaube an die These, daß allein uralte Männerbünde und die berühmten «verkrusteten Strukturen» dafür verantwortlich zu machen seien, sei doch, zumindest in zur selbstverursachten Nachdenklichkeit neigenden Kreisen, allmählich am Schwinden. Da sprach die alte Kameradin, Hauptursache für die schwächliche Karriereperformance von Frauen sei mangelnde Einsicht in die Notwendigkeit, in eine vernünftige Business-Garderobe zu investieren.

Diese deutliche Ansage verblüffte mich etwas, zumal meine Gesprächspartnerin keineswegs das zu sein schien, was der einfallslose Volksmund eine «Zicke» nennt, und gewiß auch keine Fürsprecherin öder Gouvernantenblusen, sondern eine Frau mit Fachverstand und klarem, vielleicht gar kaltem Sinn. Es sei schon vorgekommen, sagte sie, daß weibliche Betriebsangehörige in Tränen ausbrachen, nachdem sie ihre Jeans zur Sprache gebracht habe. Einmal sei sie sogar tätlich angegriffen und eine Stilpolizistin gescholten worden.

O ja, die Jeans! Noch nicht häufig werden sie als gesellschaftliches Problem gesehen. Es müßte einmal versuchshalber die Parole ausgegeben werden: «Wer Jeans trägt, wird schlechter bezahlt!» Die Kostümbildnerin der ihrer gutgekleideten Figuren wegen gefeierten Fernsehserie «Mad Men» äußerte im Interview die Befürchtung, es würden bestimmt noch dreißig Jahre verstreichen, bis die Welt sich endlich aus ihren verdammten Jeans befreit. Warum aber glauben erwachsene deutsche Frauen, sie könnten in knallengen Sexy-Jeans und Glitzerschuhen im

Wirtschaftsleben reüssieren? Weil sie ihr Frausein nicht kaschieren wollen! Weil sie im Fernsehen immerfort aufgeprotzte Moderatorinnen sehen und nicht wahrhaben wollen, daß Fernsehen und Entertainment die einzigen Sphären sind, wo man in einem solchen Aufzug Karriere machen kann! Weil sie nicht wissen, daß «sexy» schon seit langem das neue «spießig» ist! Und auch weil es vorkommen kann, daß bestimmte Sorten von Menschen, denen seit Jahrzehnten gepredigt wird, wie stark sie seien, Schwächen in bezug auf die Selbstwahrnehmung entwickeln.

Eine ältere Berliner Uni-Professorin erzählte einmal zu vorgerückter Stunde, daß sie bisweilen aus den Socken fahren könnte, wenn sie sehe, wie manche Studentinnen, den Kopf auf die Hand gestützt, dasäßen und an ihren Schreibwerkzeugen herumknabberten. Manchmal würde sie am liebsten zu einer von denen an den Platz gehen, ihr den Stift entreißen und rufen: «Nächstes Mal bringe ich Ihnen einen Schnuller mit!»

Es sollte sich jeder zur Selbstprüfung bereite Mensch einmal vor einen Spiegel stellen und sich mit einem Kugelschreiber die Lippen beklopfen, um den Stift anschließend kauend und lutschend zu traktieren. Dann frage er sich: «Sehe ich aus wie eine vom Geschäftsleben dringend benötigte Autoritätsperson oder eher ein bißchen dämlich?»

Ebenso sollte man, an einem Wintertag etwa, einen

großen Schneiderspiegel auf die Straße tragen, sich vor ihn stellen, eine Zigarette rauchen und sich fragen: «Wie sehe ich aus, wenn ich an der frischen Luft rauche?»

Man sieht auf den städtischen Bürgersteigen überall die jungen Damen aus den Arzt- und Anwaltspraxen dick eingemummelt ihre Rauchpausen erledigen. Was wird da nicht gefröstelt und gebibbert! Sie trippeln und tänzeln, um sich etwas wärmer zu machen, und ihre Blicke sagen: «Ach, wir armen Hascherl, wie schlimm es ist, hier draußen zu rauchen! Kann nicht jemand eine Kamelhaardecke um uns legen?»

Der Betrachter solcher Szenen fragt sich: Wenn sie so erbärmlich frieren, warum stellen sie sich dann auf die Straße?

Die Chefin steht nicht auf der Straße und raucht. Sie verzichtet auf Rauchpausen. Und wenn sie doch mal eine rauchen geht, dann verzichtet sie auf demonstratives Frieren.

Eine stolze Frau wird doch mal fünf Minuten an der frischen Luft stehen können, ohne mitleiderregend zu schlottern!

Gelangweilt von allzu gefälligen, vorfabriziert wirkenden Interviewantworten? Mit Recht! Hier eine kleine Auswahl von Aussagen, die man in Talkshows allein um der lieben Abwechslung willen gern einmal aus dem Munde eines Prominenten hören würde.

Fast vierzig zum Teil recht coole Interviewantworten ohne die dazugehörigen dummen Fragen

1. Wut in der Kunst? Mag sein, daß man Rocksongs der einfachereren Art besonders gut spielen kann, wenn man sich über etwas ärgert, über das warme Bier im Backstage-Raum etwa. Meißner Porzellan wird jedoch lieber gekauft, wenn diejenigen, die es entworfen, geformt und bemalt haben, während ihrer Arbeit nicht wütend waren.

2. Ich verlange Respekt, aber nicht diesen Hip-Hop-Quatsch namens Respekt, sondern richtigen, klassischen Respekt, und ich habe auch nichts dagegen, wenn da eine Spur Unterwürfigkeit mit ins Spiel kommt.

3. Meine Frau betrügt mich? Das will ich doch hoffen! Ich möchte ja nicht mit einem Menschen zusammensein, der sich für so unattraktiv hält, daß er meint, nur noch mir zugemutet werden zu können.

4. Das beste geistige Training ist der beständige Versuch, sich nicht nur an seinen letzten, sondern auch an seinen vorletzten Gedanken zu erinnern.

5. Gelegenheiten, sich für niveaulose Komplimente bedanken zu müssen, hat man in jedem künstlerischen Beruf überreichlich. Da hilft einem die Devise der Königin Luise: Lerne lächeln, ohne mit den Augen zu rollen.

6. Ja, ich kannte ihn. Und seine Frau kannte ich auch. Sie sah aus wie eine von einem mittleren Lottogewinn verschönerte Dorfschönheit.

7. Junge Talente entdeckt man nicht, indem man Jugendförderung betreibt, sondern indem man den Richtigen unter denjenigen hinterherschnüffelt, die an Förderungsmaßnahmen kein Interesse zeigen.

8. Ich verbitte mir, von Ihnen einflußreich genannt zu werden. «Einflußreich» ist kein Lob. Den meisten Einfluß üben schlechte Leute aus.

9. Bei mir ist das Publikum im besten Sinne des Wortes zweitrangig, es steht also an einer sehr guten Position, nämlich an zweiter Stelle, direkt nach dem Werk.

10. In Jülich kam es am vergangenen Wochenende zu einer Meinungsverschiedenheit zwischen älteren Frauen. Das Kernkraftwerk sei aber zu keinem Zeitpunkt gefähr-

det gewesen, teilten die Behörden mit. Entschuldigung, wie lautete noch mal Ihre Frage? Ja, ich bin gerade etwas geistesabwesend. Das liegt unter anderem daran, daß Sie so ein langweiliger Gesprächspartner sind. Ich neige in solchen Fällen dazu, Meldungen aus dem Lokalteil vorzulesen.

11. Für Applaus unter drei Minuten braucht man sich nicht zu bedanken. Man bedankt sich ja auch nicht für Postkarten.

12. Wie? Die Deutschen gaben 2009 dreimal soviel für Wellensittiche aus wie für Bildung? Das glaube ich nicht! Ach so, Sie sagten Wellness! Ich hatte Wellensittiche verstanden.

13. Man muß immer gegen seine innere Bereitschaft ankämpfen, unbefugtes Lob für berechtigter zu halten als unbefugten Tadel.

14. Wir redeten über gar nichts. Ich bin immer dankbar, wenn das Tischgespräch während der Vorspeise zum Erliegen kommt und sich erst lange nach dem Dessert wieder erholt, und Karl Lagerfeld sah das überraschenderweise genauso. Vielleicht fand er mich auch nur langweilig.

15. Öko-Pornobrillen-Schwaben in Prenzlauer Berg? Lächerliches Thema! Im großen und ganzen, Einzelfälle mal munter ausgeklammert, ist es schon sehr zu befürworten,

was da jetzt für Leute wohnen, d.h., es ist auch nicht zu beanstanden, daß die Leute, die vor zwanzig Jahren dort lebten, jetzt woanders sind.

16. Meine internationale Karriere beschränkte sich bislang überwiegend darauf, daß ich meine Selbstgespräche mitunter auf englisch führe.

17. Ich kenne diese Leute namentlich, aber nicht persönlich, und in meinen Anstrengungen, daß das so bleibt, werde ich nicht nachlassen.

18. Und wo sind meine Kritiker jetzt? Sie sind zu Staub zerfallen, zu Staub unter meinen Sohlen.

19. Das, weswegen es sich lohnte, konservativ zu sein, müßte erst einmal begründet und aufgezogen werden. Wegen Biedermeiermöbeln braucht man nicht konservativ zu sein. Diesbezügliche Fragen regelt schon der Antiquitätenmarkt.

20. Ich bin ein durch und durch philanthropischer Kulturpessimist. Daß das ein Paradoxon ist, hoffe und fürchte ich in geschmeidiger Abwechslung.

21. Kennen Sie nicht das Lied «Too dumb for New York City, too ugly for LA» des Country-Sängers Waylon Jennings? *Ich* bin zu schick für Berlin und zu schlampig für … weiß jetzt nicht, keine Ahnung.

22. Lieber mal auf ein paar hunderttausend Euro verzichten als sich mit einem Rechtsanwalt herumärgern!

23. Daß sich viele von der simplen Tatsache, daß Überraschungen im allgemeinen nicht dort auftreten, wo man sie erwartet, dermaßen überrumpelt fühlen, überrascht mich keineswegs. Das wirklich Neue schleicht erstaunlich unauffällig und weitgehend unkommentiert in die Welt.

24. Daß man älter wird, erkennt man daran, daß man den Eindruck hat, man müsse sich in immer geringeren Abständen die Fingernägel schneiden und Olympische Spiele, Fußballweltmeisterschaften und ähnliche Mega-Non-Events würden jedes Jahr stattfinden.

25. Die größten politischen Non-Events meiner Lebensspanne waren die Ausbürgerung Wolf Biermanns und der sogenannte «Historiker-Streit» in den achtziger Jahren.

26. Wenn man älter wird, leidet man immer intensiver, darf es bloß immer weniger zeigen. Die Alpträume allerdings verlieren an Bedrohlichkeit: ich habe geträumt, ich hätte mehrere unansehnliche Bademäntel entweder geerbt oder ersteigert, und habe mich darüber schon während des schweißnassen Herumwälzens amüsiert. Gab es nicht einmal eine Nachmittagstalkshow mit dem Titel «Dad, dein Bademantel ist mir zu bunt!»?

27. Gratulieren Sie mir bitte nicht zum Hörbuch-Preis! Wenn eine Branche sich minderwertig fühlt, dann wird eben ein Preis gestiftet, der in einer übertrieben glanzvoll beleuchteten sogenannten Gala verliehen wird. «Deutscher Comedy-Preis» oder «Die Venus» – also der Porno-Oscar. In diesem Zusammenhang muß auch der «Deutsche Hörbuch-Preis» gesehen werden. Der ist absolut gar nichts wert. Gibt es eigentlich noch die kritische Auszeichnung «Pascha des Monats»? Wenn ja, hätte ich die gern – ist doch mal was anderes als diese ewigen Jean-Paul- und Wilhelm-Raabe-Preise –, und nur aus diesem Grunde sage ich jetzt folgendes: Gut, die Wehrpflicht ist jetzt «ausgesetzt». Aber die wird auch wieder «eingesetzt» werden, und dann müssen auch einmal die Frauen ran. Gegner der Wehrpflicht von Frauen sagten immer, daß man in einen Panzer keine Damentoilette einbauen könne. Ein Anhänger wäre vielleicht die Lösung. Aber bei Kampfeinsätzen? Die Soldatinnen würden sich ja doch, wenn es hart auf hart kommt, in den WC-Anhänger verkriechen. Und dann wird der WC-Anhänger beschossen, und die auf der Toilette sitzenden Soldatinnen bekämen ein Staatsbegräbnis. Das lehne ich ab! ... Ob es in Panzern Herrentoiletten gibt? Woher soll ich das wissen? Ich bin nach dem Abi nach West-Berlin gegangen. Da hat man Panzer, zumindest sofern es sich um amerikanische handelte, ausgebuht, aber sich doch nicht reingesetzt!

28. Ich hätte keinerlei Bedenken, statt meiner Romane Propagandatexte für ein undemokratisches Regime zu schreiben, aber ... möchten S' noch etwas Tee ... Oder ein Zuckerl? Möchten S' vielleicht ein Zuckerl? Also wie gesagt, ich hätte keinerlei Bedenken, Propagandatexte für ein undemokratisches Regime zu schreiben, aber leider kenne ich keines, das ich richtig gut finde.

29. Den höchst unglücklichen Zustand, daß einem die Intelligenz nichts einbringt als Überlegenheitsgefühle, habe ich vor mindestens zwanzig Jahren überwunden. Es ist nicht mein Problem, daß *Sie* das nicht merken.

30. Bitte, wenn Sie mir unbedingt etwas Spektakuläres entlocken wollen, ich gebe es ja zu: Ja, ich war der Mann mit den fünfhundert Wellensittichen in der Wohnung. Tagsüber leitete ich einen großen Literaturverlag in Reinbek, abends jedoch ... Ja, was glauben Sie, warum meine Haare immer so gut saßen? Ich mußte mir ja allmorgendlich die Haare sorgsam waschen und fönen. Nachts hatten die Wellensittiche nämlich ... Mit der Zeit erlahmte meine Lust, in die vogelkotverseuchte Wohnung zu gehen. Also nahm ich allabendlich Heimorgelunterricht bei einer leider völlig unbegabten Heimorgellehrerin in Hamburg-Hoheluft. Das ging einige Zeit gut. Bis sie sich zwei Wellensittiche kaufte. Ich schrie: Nein, das möchte ich nicht ein zweites Mal erleben! Ich erstach meine Heimorgellehrerin. Ja, jetzt juckt es Sie natürlich in den Fingern. Ja, bitte, rufen Sie nur die Polizei. Bitte nehmen

Sie *mein* Handy! Dann sparen Sie Geld. Denn so dicke werden Sie's ja nicht haben als kleiner Journalist. Aber wissen Sie, was die Polizei Ihnen sagen wird? Man wird Ihnen sagen: In Hamburg ist schon seit 55 Jahren keine Heimorgellehrerin mehr erstochen worden! Sie wollen sich doch nur interessant machen.

31. Danke schön! Das ist wirklich ein schönes Kompliment! Ja, sicher, ein wenig darauf achten muß man schon ... Wie ich das mache? Nun, unter uns gesagt: Das beste Schlankheitsrezept ist nach wie vor, Erkältungsschleim auszuspucken statt ihn herunterzuschlucken. Sie ahnen ja nicht, was man dadurch an Kalorien einspart.

32. Bis vor nicht allzu langer Zeit war es in Deutschland üblich, zu Fragen der eigenen Nation fast automatisch eine überkritische Haltung einzunehmen. Daß das vorbei ist, wird im allgemeinen für einen Fortschritt gehalten, aber ich persönlich bin ein bißchen nostalgisch, was diese unpatriotische Sichtweise angeht. Das Schlimmste in unserem Land ist die Geschwätzigkeit. Die Deutschen sind heute des Silentiums so bedürftig wie vor sechzig Jahren der Entnazifizierung.

33. Hier mal ein Weinchen, dort mal ein Bierchen – das geht schon. Aber mein Vater ist noch auf seine alten Tage süchtig geworden. Süchtig nach E-Bay allerdings! Immerfort ersteigert er Lederjacken. Neulich zum Beispiel einen 26 Kilo schweren Ledermantel von Hugo Boss, Mo-

dell «Kitzbühel», mit etwas zu kurzen Ärmeln. Und den wollte er dann auch noch mir andrehen. Ich sagte, nein danke, Dad, mit dem Ding gehe ich nicht zu Kerner.

34. Eigentlich benötigen Künstler keine Kinder, um glücklich zu werden, denn sie vererben sich ja extragenetisch, durch ihr Werk. Doch freilich muß auch gewissen Normvorstellungen von Lebensvollständigkeit Rechnung getragen werden, und dazu gehört die Elternschaft. Außerdem mußte ich mich einfach fortpflanzen! Ich wollte ja nicht, daß die Welt nach meinem Tode wieder in den Zustand vor mir zurückfällt.

35. Migration finde ich im großen und ganzen gut. Bis auf eine Kleinigkeit vielleicht: Es gab früher, was den Straßenverkehr angeht, eine gute ungeschriebene Regel, eine der segensreichsten ungeschriebenen Regeln überhaupt, und diese Regel lautete: «Man hupt nicht!» Diese schöne Regel hat eine unserer beliebtesten Migrantengruppen mit ihren extrovertierten Hochzeitsbräuchen leider ausgehöhlt.

36. Mein Lebensmotto? Was soll ich mit einem Lebensmotto? Nur Idioten haben ein Lebensmotto. Aber bitte, wenn Sie darauf bestehen ... Hier also mein Lebensmotto: Man muß den Russischen Zupfkuchen zupfen, solange er sich zupfen läßt!

Tätowiert, motorisiert, desinteressiert – der Kleinbürger zwischen Statistik und Traum

«Spiesser» und «Kleinbürger» – viele Jahre lang wurden diese beiden Begriffe, insbesondere im linken Milieu, ungefähr synonym verwendet. Sie standen für eine abzulehnende Lebensform, deren Repräsentanten sich durch ein trotziges, zum Teil aggressives Beharren auf die eigene Beschränktheit auszeichneten, durch eine Unbelehrbarkeit in Fragen des gesellschaftlichen Fortschritts. Trott, Muff und undurchdringliche Bretter vor den Köpfen wurden ihnen nachgesagt. «Spießer» allerdings hat sich mittlerweile in eine Vokabel fröhlicher Selbstbezichtigung verwandelt. So gut wie jede Fernseh-Celebrity bekundet heute im Interview: «Na klar bin ich ein Spießer – und dazu stehe ich auch!» Begründet wird dies im allgemeinen damit, daß man halt gern in einem aufgeräumten Haus, vielleicht sogar mit Garten, lebe und verdreckte Toiletten nicht abkönne. Auch der Wunsch nach der Gründung einer Familie wird häufig genannt.

Die soeben beschriebene launige Bedeutungsumkrempelung wurde vor einigen Jahren durch einen enorm oft gezeigten Werbespot der Landesbausparkasse beschleunigt, in welchem ein zotteliger Bewohner einer Art Wagenburg in eine aussichtslose Sympathiekonkurrenz mit seinem Töchterchen gesetzt wurde, das von den wohlgeordneten Verhältnissen schwärmte, in denen seine Klassenkameraden lebten, und bekundete, auch ein Spießer werden zu wollen.

Das Wort «Spießer» verlor daraufhin den letzten Stachel. Wer heute irgendwelchen egozentrischen Freiheitsvorstellungen huldigt, nennt einfach jeden anderen so. Dem Biker zum Beispiel, dem es vollkommen egal ist, ob andere Leute vor Schreck aus dem Bett fallen, wenn er, legitimiert von irgendeiner unverständlichen Ausnahmegenehmigung, zu jeder Tages- und Nachtzeit durch Wohnstraßen röhrt, dem ist jeder Kritiker seines Verhaltens ein Spießer, und auch die Vierzehnjährige, die von ihrer Mutter gebeten wird, sich wenigstens einmal in der Woche nicht zu besaufen, wird ihre Ermahnerin nicht anders nennen, der Rechte bezeichnet den Linken so, der Wirtschaftsliberale den Öko, und der vor sich hin schwatzende Rest bezeichnet sich eben frohgemut und achselzuckend selbst als Spießer, indem er arglos blöd in jede irgendwo rumstehende Kamera kichert: «Sind wir nicht alle ein bißchen spießig?»

Ganz anders verhält es sich mit dem «Kleinbürger». Dieser Begriff hat seinen Oomph, sein Aufregungspotential, seinen Wert als Distanzierungsmittel beibehalten und ist somit polemisch reizvoll geblieben. Wer anderer Leute Verhalten als kleinbürgerlich ächtet, dürfte sich nach wie vor gewisser grantiger Reaktionen sicher sein. Ein Politiker, der sich hinreißen ließe, in einer Talkshow den durchaus kritikablen Umstand zu kritisieren, daß Millionen europäischer Kleinbürger alljährlich 10 000 Kilometer lange Flugreisen lediglich zu dem Zweck unternehmen, in der lieben Sonne zu liegen und Bier zu trinken, würde in den jetzigen gesellschaftlichen Verhältnissen nur geringe Chancen haben, jemals wieder zu einer öffentlichen Meinungsäußerung gebeten zu werden. Er müßte vermutlich emigrieren, um in Frieden zu leben. Man darf doch nicht die Mehrheit «denunzieren»! Die Mehrheit allerdings ist in jeder Gesellschaft die allergrößte Plage, weil sie kaum jemals gewillt ist, ihre normativen Kräfte durch Selbstzweifel in Zaum zu halten. Und selbst wer die kleinbürgerliche Übermacht in unserer Gesellschaft hin und wieder als bedrückend empfindet, umschreibt den Begriff im allgemeinen dezent, bisweilen auch ängstlich: Diejenigen, die in den neunziger Jahren begannen, die sogenannte Spaßgesellschaft zu ächten, wollten vermutlich gar nicht beklagen, daß Menschen Spaß haben, sondern das Überhandnehmen des Kleinbürgerlichen in den Massenmedien. Und: Als sich vor einiger Zeit ein Fernsehkomiker anschickte, das Berliner Olympiastadion zu füllen, um ins Guinness-Buch der Rekorde, die Bibel der Kleinbürger, zu kommen, charakterisierte ein Journalist der bürgerlichen Presse das verläßlich aufkreuzende Publikum mit der Bemerkung, daß viele Frauen in «Jeans mit bestickten Gesäßtaschen» zu sehen gewesen seien. Das reicht wohl als Andeutung, dachte sich der Journalist vermutlich, man kann sich ja eh denken, was für Leute da hingehen. Aber können es sich auch die Leser in zwanzig

Jahren noch denken? Die Leser des Jahres 2030 werden vielleicht ganz falsche Schlüsse ziehen: «Oh, dieser Fernsehkomiker muß ja ein brillanter Kopf gewesen sein, der Frauen anzulocken verstand, die so vornehm waren, daß sie sich Hosen mit Stickereien leisten konnten!» Zumal es ja nie ganz treffend ist, irgendwelche harmlosen Gegenstände als Metapher für kritisierenswerte Lebensformen zu verwenden. Ebenso wenig wie jeder, der eine Schrankwand oder ein Alpenveilchen in der Wohnung hat, unbedingt ein kulturferner Muffkopf sein muß, kann man jeden, der bestickte Jeans trägt, als Kleinbürger bezeichnen – manch einer interessiert sich einfach nicht besonders für Möbel oder Kleidung. Der Mensch zieht an, was die Fußgängerzone so hergibt, ohne sich im geringsten darum zu sorgen, was für soziale Aussagen seine Kleidung macht.

Kabarettisten der klassischen Art karikieren in ihren Programmen nicht selten kleinbürgerliche Existenzen, doch bemühen sie dabei stets den Trick der mildernden Retrofizierung – die von ihnen gestalteten Figuren sehen aus wie Leute vor dreißig oder vierzig Jahren. Aber wie hat sich der Kleinbürger seitdem äußerlich verändert! Geblieben sind natürlich seine geistige Beschränktheit, seine Selbstgefälligkeit und Unverbesserlichkeit, doch dem von Rosenkohldunst umwölkten Krankenkassenbrillenträger der Kabarettbühnen begegnen wir auf der Straße längst schon nicht mehr. Seinen Nachfolgern wäre es viel zu mühselig, Rosenkohl zuzubereiten; sie haben gar keinen dazu geeigneten Topf mehr, da sie ja immer nur Pizza essen. Und anders als seine auf die Bühnen gemogelten fiktiven Kollegen verwendet der reale und heutige Kleinbürger niemals ulkige Ausdrücke wie «Schlüpfer» und «Bohnenkaffee» – sein Wortschatz ist ein Schrottplatz klischeehaften Jugendslangs der achtziger Jahre: «geil» und «krass» und «ätzend» und so weiter. Er ist das Produkt einer widerstandslos hingenommenen Popkultursozialisation, ein sich wohl fühlendes Opfer. Er ist tätowiert, motorisiert, umfassend desinteressiert und allzeit bereit, zustimmend zu johlen oder empört zu schnauben, vor allen Dingen aber ist er, insbesondere sind sie, die «Mädels» – wie im Kleinbürgerjargon Frauen genannt werden –, «sexy».

Ein kleiner Kreis sich leicht unwohl fühlender Menschen hat neulich das Wort «sexy» zum kleinbürgerlichsten Adjektiv des Hier und Jetzt gekürt, noch vor «lecker». Substantive gab es in diesem Ranking jedoch auch, zum Beispiel «Glamour». Unser lieber alter Glamour, wo ist er nur hin? Was waren das für Zeiten, als dämonisch hingestreckte Schwarzweißdiven lüstern ihren Rauch in die Kamera bliesen! Heute ist «Glamour» nichts als lackierte Vulgarität. Hochsteckfrisur und «Profi-Make-up» zum Musicalbesuch. Natürlich, natürlich, natürlich – es ist unglaublich «abgehoben» und «arrogant», derlei zu bemerken, aber entweder blind für die gemeine Gegenwart oder aber schiefgewickelt wäre einer, der es unerwähnt ließe. Da wir gerade beim kleinbürgerlichsten Adjektiv waren: Die kleinbürgerlichste kulturelle Ausdrucksform war in den letzten fünfzehn, zwanzig Jahren das Melisma, also jene Gesangstechnik, in der mehrere Töne auf einer Silbe gesungen werden, abschätzig auch Soul-Gejaule oder Eiergesang genannt. Im Prinzip überaus fähige Sängerinnen wie Mariah Carey oder Beyoncé Knowles, vor allen Dingen aber ihre vielen Imitatorinnen, haben im Verlauf der Jahre mit ihren melismatischen Exzessen außerordentlich viel Mißvergnügen angehäuft. Ein Riesenüberdruß ist entstanden, so daß es nicht besonders gewagt erscheint, zu prophezeien: In den zehner Jahren wird gerade gesungen werden. Aber was wird gesungen werden?

Natürlich Schlager. Schlager im Soul-Sound und im Liedermacher-Sound; Schlager im Punk-Sound und im Hip-Hop-Sound, Schlager im Big-Band-Sound und natürlich Schlager im Indie-Rock-Sound. Diese von manchen als kulturelle Vielfalt bezeichnete Aufspreizung des Ewiggleichen erinnert mich ans Kühlregal: Müller Milch Vanille, Müller Milch Schoko, Müller Milch Erdbeer. Nicht zu vergessen limitierte Sommer- und Winter-Editionen von Müller Milch. Frischmilch bekommt man mancherorts überhaupt nicht mehr.

Sprach ich schon vom «Musical»? Ich glaube, ja. Das «Musical» – neben «Comedy» die einzige rein kleinbürgerliche Kunstform der Gegenwart. Von Kleinbürgern für Kleinbürger, völlig «exclusiv», d.h. ohne Interesse für alles, was nicht kreischt, grimassiert und glitzert. Wir wollen das sogenannte «Musical» allerdings nicht mit dem eigentlichen Musical verwechseln, also jener durchaus achtenswerten amerikanischen Weiterentwicklung der Operette; wir meinen natürlich die lediglich als Wirtschaftsfaktor bedeutsamen, aufgeblähten Schlagerrevuen, deren musikalischer Inhalt sich ohne weiteres auf die Begriffe «Dröhnen» und «Plärren» reduzieren ließe. Mit ganz vielen sexy Outfits. «Über hundert Mitwirkende aus siebzehn Nationen» steht auf den Plakaten, und daß für die Show fünftausend Kostüme angefertigt und 35 Kilometer Kabel verlegt wurden, wird einem auch nicht verheimlicht.

Der Sexy-Lecker-Geil-Mensch hat ein unerschütterliches Faible dafür, sich von Zahlen beeindrucken zu lassen. Schaut man sich beispielsweise in der Wikipedia Einträge über Persönlichkeiten der Unterhaltungsindustrie an, erfährt man überwiegend folgenderlei: Sein Album verkaufte sich 12,5 Millionen Mal, davon allein in den USA in der ersten Woche 850 000 Mal. Es stand dort 11 Wochen an der Spitze der Billboard-Pop-Charts, jedoch nur 9 Wochen an der Spitze der R&B-Charts. Im UK erreichte das Album nur Platz 3 der offiziellen Charts, toppte allerdings vier Wochen lang die dortigen Download-Charts, die Kanalinseln nicht mitgerechnet, denn die haben eigene Download-Charts. Es folgen endlose Tabellen mit Chartpositionen in irgendwelchen Ländern, besonders gern Norwegen. Die Neigung von Wikipedia-Pop-Autoren zur tabellarischen Erfassung norwegischer Hitparadenpositionen ist wirklich auffällig. Übrigens: Die der Bewerbung des Erfolgsalbums dienende Tournee führte durch 17 Länder. Die Konzerte wurden von insgesamt 2,7 Millionen Menschen gesehen. Rechnet man alle Auftritte zusammen, wurden insgesamt 135 000 Kilometer Kabel verlegt ...

Noch profaner wird es dann auf den Seiten, die sich auf die zweite Domäne der Kleinbürgerkultur beziehen, den kommerziellen Sport. Dort gibt's dann tatsächlich gar nichts anderes mehr als Statistiken und Tabellen. Das Wort Leistungssport ist überhaupt überdenkenswert: Eine Leistung unterscheidet sich von einer bloßen Anstrengung eigentlich dadurch, daß etwas von anhaltendem Wert entsteht. Die Leistung der sogenannten Leistungssportler indes scheint in erster Linie darin zu bestehen, immer neue wertlose Zahlen zu gebären.

Ist der Kleinbürger der kalten Zahlenkolonnen einmal überdrüssig, gibt er sich Wunschträumen hin. Wovon er träumt? Von Frisuren, Hochzeiten, Küchen und Urlauben. Von Traumfrisuren, Traumküchen, Traumurlauben und Traumhochzeiten in Traumvillen genauer gesagt. Wird er allerdings nach seinem Lebensmotto gefragt, sagt er wie aus der Pistole geschossen: «Man soll sein Leben nicht träumen, sondern seinen Traum leben.» Die Allgegenwärtigkeit dieses dumpfen Spruches, der angeblich in den neunziger Jahren aus einem Werk des spirituellen Volksverhetzers Paulo Coelho ins allgemeine Bewußtsein gekrochen ist, hat nun dazu geführt, daß praktisch jedes halbwegs positive Ereignis als «Traum» bezeichnet wird: Gewinnt etwa einer im Preisausschreiben eine Fahrt mit einer Stretch-Limousine und wird hinterher gefragt, wie's denn gewesen sei, wird er sagen: «Es war einfach nur ein Traum.» Eine Standardschlußfrage in Fernsehinterviews mit älteren Schauspielern lautet: «Gibt es für Sie noch eine absolute Traumrolle, wo Sie sagen: Das muß ich unbedingt mal spielen?» Ein Schauspieler reagierte darauf neulich etwas indigniert und erwiderte angemessen kühl: «Man setzt sich Ziele, man macht Pläne. Aber man träumt nicht.»

Dem kann man durchaus widersprechen. Natürlich darf man träumen!

Zum Beispiel, daß man durch die Fußgängerzone läuft und plötzlich feststellt, daß man untenrum nichts anhat. Solche Träume kann man nicht verbieten. Darf man hingegen von einer besseren Zukunft träumen? Nein, darf man nicht. Doch man darf sich hinsetzen und sich überlegen, welchen Beitrag man leisten kann, dieses oder jenes Detail des schnöden Weltenganges zu verbessern. Vielleicht fällt einem ja etwas ein.

Nachbemerkung:

Was kleinbürgerlich ist, darüber gibt es höchst unterschiedliche Auffassungen. Für den Literaturkritiker Fritz J. Raddatz äußert sich Kleinbürgerlichkeit im Ausdrücken von Zigaretten auf Jugendstiltischen. Im Interview sagte er: «Wenn Peter Rühmkorf seine Zigaretten auf meinem Jugendstiltisch ausdrückt, dann würde ich sagen, daß das ziemlich unangenehmes kleinbürgerliches Benehmen ist, weil er nicht weiß, was ein Jugendstiltisch ist.» Die DDR sah in Kleinbürgerlichkeit hingegen einen nicht gefestigten Klassenstandpunkt. Der Kleinbürger war identisch mit dem «schwankenden Element». Manche Leute haben mit dem Hinweis auf ihre eigene vermeintliche Kleinbürgerlichkeit einen Parteieintritt vermieden: «Och nö, die Partei ist zwar gut, aber ich bin leider so kleinbürgerlich!» In letzter Zeit ist der Begriff Kleinbürger am häufigsten in Zusammenhang mit dem Bundespräsidenten Christian Wulff gefallen, interessanterweise aber nicht bereits, als er zu seinem Amtsantritt in einem Fernsehporträt sagte, er höre viel Popmusik, und der letzte Film, den er gesehen habe, sei «Keinohrhasen» gewesen, sondern erst nachdem Photos von dem Haus in Großburgwedel aufgetaucht sind, in dem er und seine «moderne junge Frau» wohnen.

Ich hatte – verzeihen Sie! – nie darum gebeten, im Schatten einer Stinkmorchel Mandoline spielen zu dürfen

NICHT selten wird von Bücherfreunden das niedrige Gestaltungsniveau heutiger Verlagserzeugnisse beklagt. Eine kunstakademisch geprägte Freundin, die das sonderbare Talent hat, ein harmloses Wort wie «Fachhochschule» so auszusprechen, als handele es sich dabei um das Verachtenswürdigste, was es auf der Welt gibt, schreit gern «Fachhochschulniveau!», wenn sie den Umschlag einer zeitgenössischen Literaturveröffentlichung in die Finger kriegt. Ich habe keine so harte Meinung über Fachhochschulen, doch wenn ich Autoren frage, warum sie nicht ein klein wenig mehr Augenmerk auf die äußere Erscheinung ihrer literarischen Veröffentlichungen legen, dann sagen sie wie aus einem Munde: «Die Verlage, die haben doch Fachkräfte, Spezialisten für diese Belange, warum sollten wir uns da einmischen? Wir wollen doch auch nicht, daß sich die Graphiker in unsere Texte einmischen!» Es genügt jedoch ein kurzer Blick in ein modernes Medienkaufhaus, um festzustellen: Die Verlage haben eben keine Fachkräfte mehr für solche Aufgaben. Es sieht aus, als würden heutige Bücher durchweg von denjenigen Leuten gestaltet, die auch die Verlags-Prospekte und die samt und sonders alle gleich aussehenden Anzeigen in den Feuilletons zusammenschustern – doch was soll hier der Konjunktiv? Sie werden ja tatsächlich von denselben Leuten gemacht. Nudelsuppentüten und Fernsehzeitschriften werden mit ähnlichem kreativem Idealismus layoutet, und wenn man in das bereits erwähnte moderne Medienkaufhaus hineingeht, muß man schon einen zweiten Blick investieren, um das dort gestapelte Angebot in seiner groben, gedankenlosen Buntheit von dem einer «Erwachsenen-Videothek» zu unterscheiden. Selbst Verlage mit großer literarischer Vergangenheit leben heute überwiegend vom Trash: von schematisch geschriebenen Regionalkrimis und Mystery-Thrillern, vermutlich auch von Regional-Mystery-Thrillern, von Strandromanen aus der Hand von Gagschreibern und Fernseh-Celebrities sowie von Aufregerbüchern zu Talkshowthemen, die natürlich besonders leicht zu verpacken sind: Man knallt einfach ein Photo des medienbekannten Verfassers auf den Umschlag. Die Erzeugnisse der großen Verlage sind heute größtenteils Nebeneffekte des Fernsehens. Die Leute wollen Bücher lesen, die so aufgebaut sind wie TV-Movies, im allerbesten Fall sollten sie auch noch von Leuten geschrieben worden sein, die man aus dem Fernsehen kennt. Offenbar wird es daher für notwendig erachtet, daß Bücher genauso häßlich aussehen wie Fernsehsendungen. Lediglich bei Kinderbüchern scheint man sich noch redlich Mühe zu geben. Gab es nicht einmal ein polemisches Chanson (von Pigor & Eichhorn, aber ich mag mich irren), in dem die Frage aufgeworfen wurde «Warum ist ein Kinderleben mehr wert als ein Menschenleben?»? Darauf ließe sich wohl von jedem, der kein Satiremonster oder Eisklotz ist, eine Antwort geben, aber warum Bücher für Kinder fast grundsätzlich ansehnlicher, besser gebunden, hochwertiger illustriert und ausgestattet sind als Bücher für andere Menschen, läßt sich nicht genau sagen. Vielleicht weil deren Zielgruppe in Ermangelung eigener Kaufkraft noch nicht der törichten Meinung anhängt, Bücher seien zu teuer?

Ein interessantes Phänomen zeigt sich in jenen Vierteln unserer Großstädte, wo es noch türglockenbewehrte kleine Buchhandlungen für ein in Manufactum-Leinenanzüge gekleidetes Restbürgertum gibt. Die Inhaber dieser traditionellen Geschäfte füllen ihre Auslagen mehr und mehr mit Reprints von Kinderbuchklassikern. Deren Protagonisten, Elfen und Wutze, auch schlaue Käfer, wohnen in hübschen Pilzhäusern mit schiefen Blechschornsteinen; daneben trifft man Pilze, die singen und mit der Kniegeige zum Tanze aufspielen. Kinder früherer Zeiten scheinen nichts mehr geliebt zu haben als musisch tätige Pilze. Heute, als alte Menschen, kaufen sie sich, angewidert von den Killerspielen ihrer Nachkommenschaft, die Bücher der eigenen Kindheit nach – die Originale sind in Kriegswirren, später auch in Friedenswirren, beispielsweise Karrierewirren und Besitzerwerbswirren, verlorengegangen, und nun wollen sie mit einem druckfrischen «Mecki im Schlaraffenland» auf dem Bauch gutgelaunt dem hoffentlich trostreich möblierten Nirwana entgegenschweben.

In meiner Kindheit genoß ich das Privileg, keine aktuellen Kinderbücher zu besitzen. Ich hatte einen Stoß uralter Bildbände von einem Großonkel geerbt. Darin waren Kinder in Matrosenanzügen zu sehen, die sich mit einer Outdoor-Aktivität namens «Kreiselpeitschen» artig vergnügten. Ihre Väter waren Offiziere mit Zylindern und gewichsten Schnurrbärten. (Offiziere mit Zylindern? Sonntags trugen sie Zylinder.) Auf diese Weise entdeckte ich rechtzeitig den Reiz anderer Zeiten und Räume, und ganz nebenbei lernte ich die ulkige «deutsche Schreibschrift» mit jenem schrecklich komplizierten, arschförmigen W, das sie zum Untergang verdammte. Aber auch Pilze spielten in meiner Reifung eine Rolle: ich sah die Verfilmung von Jules Vernes «Die Reise zum Mittelpunkt der Erde». Darin gab es baumhohe Pilze – jahrelang erfreute ich mich an der Phantasie, im Schatten eines solch enormen Pilzes zu lagern und, Mandoline spielend, Butterbrote zu essen. Doch gibt es kein reales Hinkommen zu einem solchen Wunschort. Selbst das tiefste Loch Deutschlands bei Windischeschenbach kommt gerade mal auf 11 000 m und ist beängstigend eng; man könnte nicht einmal den Suppenkasper in seiner Endphase dort runtersausen lassen. Immerhin habe ich Jahrzehnte nach dem Filmvergnügen den Mittelpunkt Europas entdecken dürfen, der aufgrund irgendwelcher Grillen der Berechnung überraschenderweise in Litauen liegt, dem Freund baumhoher Pilze jedoch nichts bietet außer einem Marmormosaik mit einer allenfalls halbwegs stinkmorchelförmigen Säule. Ich hatte aber nie darum gebeten, im Schatten einer Stinkmorchel Mandoline spielen zu dürfen.

Rein zufällig fand ich neulich einen weiteren Mittelpunkt.

An sich dürfte es keinen geistig gesunden Menschen interessieren, wo sich der Mittelpunkt Deutschlands befindet, aber wenn man während einer programmatisch flexiblen Ausflugsgondelei durchs schöne Thüringen einen Wegweiser sieht, der auf den «Mittelpunkt Deutschlands» hinweist, dann läßt man seine geistige Gesundheit gern mal baumeln, als ob sie eine Seele wäre, und beugt sich den sanften Befehlen der Hinweisschilder, denn vielleicht findet sich am Mittelpunkt Deutschlands ja ein Büdchen mit Reisebedarfsartikeln und eine blitzsaubere Toilette mit einer blitzgescheiten Toilettenfrau. Betreut wird der Mittelpunkt von der «Arbeitsgemeinschaft Mittelpunkt», und bei allen Vorbehalten gegen willkürlich vollzogene Bestimmungen geographischer und physikalischer Mittelpunkte muß man sagen: Die «Arbeitsgemeinschaft Mittelpunkt» macht echt einen guten Job! Das könnte man schlechter machen! Man könnte die Stelle z. B. lediglich durch das Abstellen eines Stapels alter Computerzeitschriften aus dem Keller des Sohns der blitzgescheiten Toilettenfrau von der blitzsauberen Toilette markieren, aber nein! Man hat einen respektablen Steinbrocken aufgestellt und, als ob es nicht schon anstrengend genug wäre, einen Brocken kippsicher aufzustellen, auch noch mehrere Ruhebänke um ihn herum gruppiert.

Allzu lange kann man auf den Bänken freilich nicht

wissensvermehrend zubringen, es fehlt doch dringend ein Touch-Screen-Monitor, auf dem sich das national rührende Geschehen, unterlegt mit Musik der allerbilligsten Sorte, nacherleben ließe. Macht aber nichts! Es gibt noch andere Attraktionen. Nur wenige Fußminuten vom Mittelpunkt Deutschlands entfernt liegt das «Opfermoor Vogtei», in dem eisenzeitliche Grobiane Pferde, Ziegen, kranke Frauen, Alltagsgegenstände und nicht leistungsorientierte Männer rituell im Morast versinken ließen, um irgendwelche Phantasiemächte gnädig zu stimmen. «Unsere Vorfahren» hätten das gemacht, steht auf einem Info-Faltblatt, und wäre der Faltblatttexter anwesend gewesen, hätte man ihm gern zugerufen: «Unsere Vorfahren? *Ihre* Vorfahren haben vielleicht kranke Frauen in die Landschaftspampe gestoßen, meine jedoch bestimmt nicht!»

Zugang zu der genannten Kultstätte schlechten Benehmens läßt sich durch sogenannte Opfermoor-Chips erlangen, die man zuvor in einem kleinen Museum erwerben muß. Diese Chips soll man in einen Schlitz stecken, worauf eine, wie man im Verwaltungsdeutsch sagt, «Personenvereinzelungsanlage» entsperrt wird. «Solche Drehkreuze gibt es sonst nur in Pornokinos», sagte ich, worauf mein Begleiter zu meiner Überraschung sagte: «Ja, das stimmt.» Während ich mir überlegte, woher er das wohl weiß, sah ich ihm an, daß er sich fragte, woher ich das weiß. Doch man stellte einander keine Fragen, denn ein erwachsener Mensch sollte, soviel er nur kann, von der Welt kennen, auch deren unpastellene und unpastorale Szenen. Trotzdem entschlossen wir uns, auf die Befüllung des Opfermoor-Schlitzes zu verzichten: wir fürchteten, uns an dieser wenig frequentierten Sehenswürdigkeit mit dem Jackenärmel oder den Riemen unserer Taschen in der Personenvereinzelungsanlage zu verheddern und quasi als Opfer des Opfermoor-Drehkreuzes zu enden. Mein Reisegefährte meinte obendrein, sein Sohn, ein Münzsammler, würde sich über einen prägefrischen Opfermoor-Chip unter Umständen freuen. Warum sollte man dem Sohn diese Freude mißgönnen? Junge Menschen können sich ja nicht den ganzen Tag über elterliche Zuwendung, geordnete Verhältnisse, ausgewogene Ernährung und einen gefahrlosen Schulweg freuen. Zwischendurch mag ein Opfermoor-Chip eine schöne Abwechslung sein.

Auf dem Rückweg zum Auto erwähnte ich noch kurz eine ordinäre Person, die sich anläßlich der Mumienausstellung im Reiss-Engelhorn-Museum in Mannheim wie folgt im Gästebuch verewigte: «Es ist obszön, eine weibliche Moorleiche so zu legen, daß man ihr zwischen die Beine sehen kann. Beschämend!!!» Der dem Wort «beschämend» folgende Ausrufezeichen-Exzeß bestand aus drei abgerundeten Dreiecken mit jeweils einem Kreis darunter. Ich hatte kurz erwogen, den Eintrag schriftlich zu kommentieren, etwa mit den Worten: «Ach hören Sie doch mal auf, gnädige Frau, hart arbeitende Anthropologen mit Ihren sexistischen Unterstellungen und dämlich verfetteten Ausrufezeichen zu belästigen!» Doch was hätte das bewirken sollen? Museums-Gästebücher werden ohnehin weggeschmissen, sobald die Ausstellung vorbei ist. Aus welchem Grunde sollte einer auch diese von Schulklassen vollgekrakelten Dinger archivieren? Und was weiß ich, wie hart Anthropologen arbeiten? Wer weiß schon, wie gern selbst solche Leute mit Bürotassen im Türrahmen lehnen, allzeit bereit zu sorglosem Plausch über Leben und Tod?

Großer Spaß

FRÜHSTÜCKEN sollst du wie ein Ferkel, Mittag essen wie eine Brieftaube und zu Abend essen wie eine Moorleiche.

Apropos Ernährung von Moorleichen: Das Bundesinstitut für Risikobewertung warnt vor übermäßigem Lakritzegenuß.

Niederländer essen zwei Kilo Lakritze im Jahr, Deutsche nur 200 Gramm. (So ist zu erfahren!)

Das Bundesinstitut für Risikobewertung hat 750 Mitarbeiter.

Dem Bundesinstitut für Risikobewertung angegliedert ist die Nationale Stillkommission. Sie berät die Bundesregierung in Fragen des Stillens.
    Man bedenke jedoch, daß Lenelotte von Bothmer, als sie 1970 als erste Abgeordnete in einem Hosenanzug im Bundestag aufkreuzte, großes Gegrummel auslöste. Auch über 40 Jahre später wird es der ersten Moorleiche, die im Bundestag ihr Kind stillt, nicht anders ergehen.

Der Präsident des Bundesinstituts für Risikobewertung ist Dr. Dr. Andreas Hensel. Er ist Fliegenträger.

Als solcher riskiert er freilich, von journalistischen Spaßvögeln als «Herr der Fliegen» bezeichnet zu werden. Ein labiler Mensch könnte daran psychisch zerbrechen.

Aber Dr. Dr. Hensel steht auf beiden Beinen fest im Leben.

Dr. Dr.! Beide Beine! Großer Spaß!

Die Elfjährige, die in der Achterbahn ein Kind ohne Knochen gebar

A minor story of major horror

SIE war zum einen dermaßen dick, daß ihre Schwangerschaft von niemandem, nicht einmal von ihr selbst bemerkt wurde; zum anderen war sie so schwammvoll mit irgendeiner Art von Schnüffelbenzin, daß sie vom Geburtsvorgang gar nichts mitbekam. Sie hielt ihr Kind für eine der etwa rugbyeigroßen Früchte des Spinnenpuddingbaums, die so regelmäßig in die Achterbahnwagen fielen, daß sie längst schon keinen Fahrgast mehr sonderlich erschreckten oder anwiderten. Natürlich war es städtebaulicher Unfug gewesen, eine Vergnügungsbahn ausgerechnet durch einen Wald zu bauen, dessen Bäume in unvorstellbarer Menge glibberige Riesenfrüchte produzierten, doch wovon hier die Rede ist, trug sich in einem hinteren und üblen Teil Australiens zu, in dem der Unfug quasi Programm ist. Um das schlecht plazierte Fahrgeschäft halbwegs rentabel zu halten, setzten seine Betreiber den Eintrittspreis so niedrig an, daß das Fahren mit dieser Achterbahn unter sozial Schwachen extrem populär war. Aus allen Teilen des Landes kamen sie barfuß oder in von Tesafilmstreifen zusammengehaltenen Bussen herbeigeächzt, um durch die Baumkronen des Spinnenpuddingwaldes zu rasen. Für viele stellte der Fahrtwind das einzige Deodorant ihres Lebens dar; nicht wenige kauften sich Hunderterkarten und fuhren tagelang. Daß sie dabei unentwegt von den klebrigen Spinnenpuddingfrüchten bombardiert wurden, nahm man zwar nicht stillschweigend, durchaus aber grölend in Kauf. Die Früchte wurden unter dem Absingen markiger Volkschoräle zurück in die Baumkronen geworfen. Nicht anders verfuhr auch die Elfjährige mit ihrem unbemerkt gebliebenen Kind.

Penisg'schichterln
aus dem Hotel Mama
Eine Sexualgroteske

Mit anderen Leuten im Bette zu liegen, das hat durchaus was.

Wenn man zum Beispiel mal mit einem Herrn im Bett liegt, fragt man sich, ob er den Penis von seiner Mutter oder von seinem Vater geerbt hat.

Allerdings könnte so mancher entgegnen, daß eine Frau Mutter ihrem Herrn Sohn doch keinen Penis nicht direkt vererben könne.

Natürlich nicht direkt!

Aber jeder Frau wohnt natürlich das Potential inne, den Penis ihres Vaters an ihren Sohn weiterzuvererben. Das ist nun einmal so: Der Penis «überspringt» die Mutter, aus verständlichen natürlichen Gründen.

Also, wenn eine Frau einen homosexuellen Sohn hat, und der vergnügt sich gerade im Nachbarzimmer mit einem an der Uni aufgelesenen Schluckspecht, dann darf sie durchaus denken: «Aha, ein eigens rangekarrter Schluckspecht hat nebenan gerade seinen leichtfertigen Spaß mit einer genetischen Kopie des Penisses meines hochverehrten Herrn Vaters. Das ist für eine Frau um die Fünfzig gar nicht so leicht zu verkraften.»

Nachdenklich geht sie ins Kaminzimmer zum Bild ihres Vaters und fragt: «Ist dir das eigentlich recht, lieber Vater? Daß sich irgendein beschwipster Student in der Wohnung deiner Tochter mit dem Enkel deines Penisses vergnügt?»

Der längst verblichene Vater scheint zu sagen: «Stell den beiden Sexualhallodris doch mal das Äthanolpräparat neben die Studentenmatratze!»

Was für ein Äthanolpräparat denn? Ach ja! Der Frau fällt es wieder ein: Als ihr Vater im Sterben lag, fragte sie ihn: «Darf ich, lieber Vater, nach deinem werten Ableben deinen Penis in Äthanol konservieren? Ich meine, damit ich immer weiß, wo ich herkomme! Ein Mensch muß sich doch seiner Wurzeln bewußt sein!»

Sie geht in den Partykeller und entdeckt in einem Schränkchen hinter einigen verstaubten osteuropäischen Likörflaschen das fast vergessene anatomische Präparat und trägt es in die Wohnung hinauf. Sie klopft an die Tür des Sohnes und ruft: «Laßt euch nicht stören, aber ich hätte da was möglicherweise Anregendes für euch zwei Schmusekatzen.»

Man ist ein bißchen aufgeregt
und langweilt sich trotzdem

Ich kann Fichten von Tannen unterscheiden, Spitzmäuse von tatsächlichen Mäusen, ich kenne den Unterschied zwischen Slowenien und der Slowakei, weiß sogar, zu welchem Land Slawonien gehört – bin also ein unterscheidungsfreudiger Mensch, weshalb keiner allzu erstaunt sein wird, wenn ich sage, daß ich auch Anne Will, Sandra Maischberger und Maybrit Illner voneinander unterscheiden kann, obwohl das, genau betrachtet, eine überdurchschnittliche kognitive Leistung ist, denn alle drei sind ungefähr gleichaltrig, auf ähnliche Weise sympathisch und charmant und haben schwer unterscheidbare Haare – normale, braune, freundlich in die Gegend hängende, anständige, aus der Mitte unserer Gesellschaft stammende Haare eben. Immerhin haben die drei an sich kaum tadelbaren Frauen durchaus unterschiedliche Gesichter. Da ich nicht an jener Wahrnehmungsstörung namens Prosopagnosie, das heißt Gesichtsblindheit, leide, von der angeblich 2,5 Prozent aller Menschen betroffen sind, reicht das für mich. Ein Prosopagnostiker müßte sich an Stimme, Kleidung oder dem Leibesumfang orientieren, um einen Menschen zu erkennen. Auch die Umgebung ist dem Erkennen dienlich. Die Frau von der Wäscherei wird er nicht mit der Frau vom Zeitungskiosk verwechseln, solange die Wäschereifrau von Wäschepaketen und Kleiderstangen und die Kioskbetreiberin von ihrer Kioskausstattung umgeben ist. Bei Frau Will, Frau Illner und Frau Maischberger jedoch wäre ein Gesichtsblinder aufgeschmissen, da deren Umgebung absolut nichts Spezifisches aufweist. Aber auch Menschen, die die drei Frauen mühelos auseinanderhalten können, sind häufig nicht in der Lage, deren Sendungen zu unterscheiden. Würde man Testpersonen Ausschnitte aus den drei Talkshows zeigen, in denen die Gesichter der Moderatorinnen verpixelt und ihre Stimmen verzerrt sind, gäbe es sogar fast niemanden, der die Shows auseinanderhalten könnte. Ich weiß zwar, daß circa eine von ihnen mit Saalpublikum aufgezeichnet wird und demzufolge circa zwei ohne, aber welche der Sendungen mit Zuschauerkulisse stattfindet und welche ohne, könnte ich nicht sagen, obwohl ich alle schon oft gesehen habe. Frau Maischberger hat immerhin eine besonders lächerliche Titelmusik, deren patzige Rockigkeit wohl für «kompromissloses Fragen», «harte Fakten» und «Klartext reden» stehen soll, doch läuft die Musik ja nicht während der ganzen Sendung, was freilich anzuregen wäre, um ihr etwas mehr Profil zu verleihen. Theoretisch wäre es vermutlich sogar möglich, die drei Diskussionsforen anhand ihrer Möblierung zu unterscheiden. «A chair is still a chair, even when there's no one sitting there», sang Dionne Warwick einst in einem der berühmtesten Lieder von Burt Bacharach, doch ist dieses schöne Lied momentan gar nicht hilfreich, da in den genannten Shows stets Leute auf den Stühlen sitzen, weswegen man die Sitzmöbel leider kaum sieht und somit nicht zur Identifizierung der Sendungen heranziehen kann. Erst recht nicht unterscheiden kann man sie an den Gästen, die die freie Aussicht auf die Stühle mit ihren Körpern verdecken. Meistens ist da ein mit Karl Lauterbach untertitelter hagerer SPD-Mann mit Fliege, der dies und jenes zu gesundheitspolitischen Fragen zu äußern weiß. Ebenso oft ist ein Herr Bosbach von der CDU zu sehen. Ich habe ihn schon Dutzende Male gesehen, aber ich müßte nachschlagen, um zu erfahren, welches Amt er in seiner Partei ausübt. Man kann sich auch nie merken, was er sagt. Wahrscheinlich ist seine Funktion lediglich die, möglichst CDU-mäßig aus der Wäsche zu blicken, was eine Kunst ist, an deren Ausübung er wahrlich nicht scheitert. Es sind echte «Parteisoldaten», die wir in diesen Sendungen erleben, Leute, die ordentlich was aushalten, die weder ausrasten noch einschlafen – und jeder, der schon einmal in einer solchen Runde saß, weiß, daß das Teilnehmen nicht unbedingt weniger langweilig ist als das Zuschauen.

Man ist ein bißchen aufgeregt und langweilt sich trotzdem, sagte mir einmal jemand mit einschlägiger Erfahrung. Eigentlich müßte man den Leuten Respekt entgegenbringen, die aus der inneren Überzeugung heraus, solche Sendungen seien für das Funktionieren von Demokratie unentbehrlich, bereit sind, sich ihre Abende auf so unerquickliche Weise um die Ohren zu schlagen. Deswegen war es auch falsch, daß ich vor wenigen Zeilen schrieb: «ein Herr Bosbach», denn so ein unbestimmter Artikel, einem Namen vorangestellt, ist immer eine billige und leichtfertige Form der Verächtlichmachung, und verächtlich will ich Herrn Bosbach nicht machen. Ich beneide ihn und seine Kollegen darum, daß sie das, was sie machen, für notwendig halten – hier hat der Politiker dem Schriftsteller, ja sogar manchem Geistlichen etwas voraus.

Warum aber haben diese Sendungen so stabile und hohe Einschaltquoten? Nun: Man kann ja nicht immer ohne Hund und auch sonst sinnlos durch mangelhaft beleuchtete Vorortstraßen laufen, ebensowenig hat man ständig kranke Freunde, die, vielleicht ein allerletztes Mal, besucht werden müssen, und essen soll man am späten Abend auch nicht mehr. Man guckt, weil man glaubt, ein mit Streitgesprächen über Reizthemen beregneter Mensch sei demokratiefähiger als ein unberegneter. Dann schaut man also einem Mann zu, der sagt, Krieg sei immer falsch und der Afghanistan-Einsatz der Bundeswehr somit unverantwortlich, und einem anderen, der den Pazifisten «bei allem Respekt» hochmütig als naiven Träumer abkanzelt. Daß es diese beiden unversöhnlichen Gegensätze gibt, weiß ich, seit ich vierzehn bin, und andere Leute, die klüger sind als ich, wußten es wahrscheinlich schon mit elf. Warum soll man Leuten dabei zusehen, wie sie in Sesseln sitzen und sich altbekannte Meinungen um die Ohren hauen? Eigentlich weiß jeder, daß man nach solchen Sendungen genauso schlau ist wie vorher – trotzdem wird immer wieder geguckt. Sessel und Sofas sind die Rauschgifte des Wohnens. In dem Cartoon «Hägar der Schreckliche» saß Hägar der Schreckliche einmal einfach nur da. Da kam seine Frau und sagte: «Hägar, du kannst doch nicht einfach nur so dasitzen!» «Stimmt!» rief Hägar der Schreckliche und öffnete eine Flasche Wein. Frau Will, Frau Maischberger und Frau Illner sind auf ihre Art ebenfalls Weinflaschen. Auf jeden Fall sind sie Kompetenz ausstrahlende Benebelungsinstrumente. Zweifelsohne sind sie klüger als Hansi Hinterseer, und deswegen hält man die Vernebelung, die von ihnen ausgeht, für vertretbarer als die durch «Volksmusik».

Ein weiterer Grund, sich diese Talkshows anzusehen, ist die recht üppige Wahrscheinlichkeit, daß Sahra Wagenknecht darin zu sehen ist. Sahra Wagenknecht ist der einzige regelmäßige Teilnehmer politischer Diskussionen, auf den sich das überreichlich gebrauchte Wort «Faszination» ausnahmsweise korrekt anwenden ließe. «Faszination» bezeichnet immer eine Unsicherheit, ein Mischgefühl, die Vermengung von Zuneigung und Beklemmung zum Beispiel, von Verlockung und Abgestoßensein. Vulkanausbrüche sind faszinierend, Pornographie kann faszinierend sein – Hochstapelei, Heroin und illustre Diktatoren mit Blutdiamanten in der Gesäßtasche sind es ebenfalls. Auch Höhlen, insbesondere unerforschte, fiese, miserable Höhlen ohne Audio-Guide und Märchengrottenbeleuchtung haben diese Eigenschaft. Pioniergeist mag einen hineintreiben ins feuchtfremde Dunkel, aber möglicherweise wird einem ein kalter, unbekannter, also namenloser Urwurm das Hosenbein hochkriechen und dem wackeren Pionier die Oberschenkel abschmatzen mit einem borstigen Mischorgan aus Mund und Anus, währenddessen auch noch die Batterie der Taschenlampe ihren Geist aufgibt. Faszinierend ist auch der kommunistische Schriftsteller Dietmar Dath. Man bestaunt seine Intelligenz, Belesenheit und druckreife Diktion, beachtet und versteht seine Sorge um die Vernachlässigten und Unterbezahlten, während einem gleichzeitig ein Schauer über den Rücken läuft wegen der Schärfe und Unerbittlichkeit, mit der er seinen Wunsch nach Veränderung zum Vortrag bringt. Wie gering er den Einzelnen schätzt! «Leute, die beim Discounter einkaufen müssen, haben andere Sorgen als ihre Individualität.» Sagt er einfach so. Aus solchen kalten Talenten haben sich vergangene Zeiten manch ein Ungeheuer gestrickt! Falls wir, nebenbei nur sei es bemerkt, noch einmal einen Systemwechsel erleben sollten, könnte es sein, daß Dietmar Dath und Sahra Wagenknecht staatslenkende Funktionen innehaben werden, eine Vorstellung, die momentan noch amüsiert, zumal es in diesem politischen Milieu die Tradition gibt, daß Rivalen einander umbringen lassen. Weit weniger amüsant, dafür aber viel wahrscheinlicher ist, daß «unsere Kinder» dereinst auf Alice-Schwarzer-Schulen gehen werden, deren Namensstifterin auch auf Briefmarken und Geldscheinen zu sehen sein wird – sofern es dann überhaupt noch Briefmarken und Bargeld gibt. Norwegen, so hört man, möchte das Bargeld abschaffen und Neuseeland die Zigaretten. Wer wird wohl als erster seine Pläne verwirklichen? Landschaftlich reizvolle, wohlhabende

Länder, die etwas Faszinierendes abschaffen wollen, sind übrigens auch faszinierend.

Niemand scheint Sahra Wagenknecht besonders zu mögen. Wenn sie mit magerer Stimme ihre in Papierdeutsch gekleideten starren Meinungen äußert, hören Herr Lauterbach und Herr Bosbach gar nicht erst hin; es ist bloße Kavaliershaftigkeit, die sie daran hindert, demonstrativ zu gähnen oder auf ihrem Smartphone herumzutippen. Gelangweilt warten die Gesprächspartner auf das Ende der Wagenknechtschen Redebeiträge, um danach gar nicht erst darauf einzugehen. Sie ist zu schön, um angeschrien zu werden. Das ist halt die Frau Wagenknecht, sagen die Leute von den anderen Parteien, die wird halt immer eingeladen, weil sie so interessant dazusitzen vermag. Und in der Tat: Niemand kann so damenhaft und stolz in einem Sessel sitzen wie sie. Stets scheint sie bereit, gemalt zu werden – Menschen, die so repräsentativ zu sitzen vermögen, sieht man sonst nur auf Gemälden in Treppenaufgängen touristisch zugänglicher Herrenhäuser. Wenn die stolze, rätselhafte Dame von Menschen spricht, die wenig Geld haben, nimmt man das hin, ohne sich die Frage zu stellen, ob sie glaubwürdig ist, da sie viel zu viele Phantasien anregt. Keinen noch so kurzen Augenblick sind die Beine anders als perfekt gelegt. Wo hat sie das bloß gelernt? Wahrscheinlich kann sie sogar noch im Damensitz reiten! Obschon mit keinerlei Glamoureffekt besprüht, nie etwas Ungewöhnliches sagend, nie den Schein setzend, sie könnte Humor haben, leuchtet sie und ragt hervor. Die Phantasien, die sie auslöst, sind keineswegs ausschließlich sogenannte «Altherrenphantasien». Auch elfjährige Kinder und Frauen jeden Alters machen sich unvernünftig strudelnde Gedanken über sie. Doch die Phantasien strudeln ins Leere. Man kann sich schwerlich ausmalen, daß Sahra Wagenknecht lacht oder weint. Es wäre nicht auszuhalten, diese Frau weinen zu sehen. «Rom sehen und sterben», sagte man früher. «Sahra Wagenknecht zum Weinen bringen und sterben», könnte man heute sagen. Man kann der Frau nicht beikommen. Sie ist die einzige Talkshow-Persönlichkeit, bei der man sich nicht vorstellen kann, daß sie privat ganz anders sein könnte als öffentlich, ja man hat sogar Mühe, sich vorzustellen, daß sie überhaupt irgendwelche privaten Kontakte pflegt, obwohl man weiß, daß sie welche pflegt, und was für welche! Eher schon könnte man sich vorstellen, daß sie in der Realität gar nicht existiert. Doch sie existiert, sie hat es drauf, das reale Existieren, sie tut es einfach, nimmt es sich heraus; sie läuft in ihrer geraden, dunklen Art bisweilen sogar subnormale Nebenstraßen herunter. Ich ging einmal eine olle Berliner Straße entlang, Liedchen pfeifend, nichts Böses und nichts Richtiges denkend, als ich merkte, daß eine schwarz aufragende Frauengestalt mir entgegenkam. Ich dachte: Oh! Mrs. Danvers, die perfide Haushälterin aus dem Hitchcock-Klassiker «Rebecca». Wer so alles in Berlin herumläuft heutzutage trotz der nach wie vor relativ schlechten Flugverbindungen! Aber Mrs. Danvers konnte es eigentlich doch nicht sein, da Judith Anderson, die sie so furchteinflößend dargestellt hatte, schon vor langem verstorben war. Es konnte somit niemand anderes als Sahra Wagenknecht sein, live in Fleisch und Blut. Natürlich ist es immer etwas anstrengend, auf der Straße an einer unerwartet auftauchenden bekannten Persönlichkeit vorbeizugehen, ohne unnötig auf sich aufmerksam zu machen, und auch das kleinste Aufsichaufmerksammachen ist grundsätzlich unnötig, doch es gelang mir. Ich blickte, in dem Moment, als sie mich passierte, auf die Bürgersteigpflasterung, und kaum war ich an ihr vorbei, atmete ich tief ein, um ihren physischen Nachhauch zu erhaschen. Ich roch jedoch gar nichts.

Kein Deut von einem Hauch ging von der Wunderperson aus. Dafür, daß sie ihr Rätsel bewahrt, nicht sagt, woher sie kommt und wohin sie geht, niemandem erzählt, ob sie einen Hund hat oder ob sie ein «absoluter Riesenfan» von Take That, U2 und natürlich auch Fußball ist, sollten wir alle dankbar sein. Frau Will, Frau Maischberger und Frau Illner sollten ihr besonders dankbar sein, denn ohne dieses hin und wieder stolz und doch zerbrechlich dasitzende Rätselweib wären ihre Sendungen wirklich unerträglich öde.

Otto und Ute genießen die Lebensfreude

Otto, ein norddeutscher Geschäftsmann, erlebt beim Blättern im Internet einen «Serendipity-Effekt». So sonderbar nennt man es, wenn jemand ganz unvermutet beim Surfen auf eine nützliche Homepage stößt. Auslöser von Ottos freudigem Erlebnis ist eine Comic-Seite mit einem angeschlossenen Witz- und Nachdenkhemdchen-Versand. Ein bestimmtes T-Shirt gefällt Otto ganz außerordentlich. Seine Inschrift lautet «Plagiats-T-Shirt aus Thailand: LIVREPOL – City where The Betales came form». «Haha», mailt er dem Witzhemdchengestalter, «eine tolle Parodie auf diese asiatischen Raubdrucker, die noch nicht einmal Liverpool und die Beatles richtig schreiben können. Leider trage ich nie T-Shirts, schon gar keine bedruckten. Das T-Shirt, las ich neulich irgendwo, sei ein ‹wahrhaft demokratisches Kleidungsstück›, aber ist es nicht eher das Requisit einer Sport-und-Pop-Diktatur? Ich trage jedenfalls stets nur klassische Oberhemden. Ich kann also, so gern ich zwar würde, leider keine Bestellung aufgeben.»

Am Abend trifft Otto seine Freundin Ute in der von ihr geleiteten 40plus-Cocktailbar und erzählt von dem wunderbar bedruckten Kleidungsstück. Diese erwidert: «Aber Otto Darling, altes Hüpferchen! Das macht doch nichts, daß du keine klassische T-Shirt-Figur mehr hast! Solche

Shirts sind heute Sammelobjekte! Die trägt man heute wie ein Hochzeitskleid, d. h. im allgemeinen nur einmal im Leben, z. B. am Herrentag bei einer Kremserfahrt mit seinen Bierseppeln! Oder man trägt sie, während man in einer Gruppe regionaler Dödel mit einer Bierflasche durch Berlin rennt, weil man irgendwo aufgeschnappt hat, daß es nicht unüblich sei, in Berlin in Gruppen regionaler Dödel mit Bierflaschen herumzurennen. Nach dem Herumrennen archiviert man sie, z. B. in einem T-Shirt-Album, so wie du es als junger Kerl mit Briefmarken oder Münzen gemacht hast!» «Aber Ute», antwortet Otto, «ich bin doch keiner, der am Vatertag bierselige Ausflüge unternimmt – Spazierstock mit Fahrradklingel dran, Bierhumpen mit Fahrradklingel dran, das ist doch nicht mein Stil!» «Du hast recht, Ottochen!» Ute überlegt. «Trotzdem brauchst du auf das schöne T-Shirt nicht zu verzichten. Trag es doch als Nachthemd! Richtige Pyjamas tragen schließlich heute nur noch so komische Neokonservative mit neo nach hinten geschmierten Haaren, Absolventen der Axel-Springer-Schule oder diese jungschen Dandy-Wannabes mit Preußenfimmel, diese Amerika verehrenden Einstecktüchlein-Konservativen. Wer war eigentlich vor von und zu Guttenberg der letzte klassische Bundespolitiker mit nach hinten geschmierten Fetthaaren?» «Ich glaube, das könnte Gerhard Stoltenberg gewesen sein», sagt Otto, zückt sein kleines Kommunikationsgerät und ordert das Livrepol-Betales-T-Shirt in der Nachthemdgröße XXL, um es mit auf seinen nächsten Business-Trip zu nehmen, der ihn zufällig an die Mersey-

Mündung, also, kleiner Einschub für Ungebildete, nach Liverpool führt.

Dort angekommen, hat er nach dem Geschäftstermin noch eine Stunde Zeit bis zum Abendessen. Er läuft ein wenig herum und trinkt an einer Smoothie-Bude einen Waldbeeren-Smoothie. Dabei fällt ihm ein, wie er während seiner England-Reise vor knapp zehn Jahren, als Smoothies noch neu waren, seine Freundin Ute angerufen hat, um ihr zu raten, sofort eine Smoothie-Bude in Berlin-Prenzlauer Berg zu eröffnen. Das würde ein Riesenknüller werden! Doch Ute hatte abgewunken. Jetzt, wo es in jedem deutschen Supermarkt Industrie-Smoothies gibt, ist es natürlich zu spät. Ute hätte reich wie eine amerikanische Ratte werden können mit etwas mehr Elan. Die Erinnerung an seine liebe, aber geschäftsträge Freundin bringt ihn dermaßen in Wallung, daß er sein gutes van-Laack-Hemd mit Waldbeeren-Smoothie bekleckert. Er geht ins Hotel, zieht sein eigentlich als Schlafrobe vorgesehenes T-Shirt an und geht damit in ein sehr feines Restaurant, um sich diverse Fressalien längs und seitlich reinzuschieben. Als der Kellner die Rechnung bringt, erschrickt er zunächst über deren Höhe, besinnt sich jedoch bald einerseits auf den norddeutschen Dialekt seiner Heimat und andererseits auf sein lustiges Oberteil und spricht: «Dat sollen doch die Betales betalen.»

Wenig später, nachdem er selbstverständlich doch bezahlt hat, überlegt er: Wer war das noch mal, der gesagt hat, in der Albernheit sei der Mensch am reinsten? Oder am freiesten? Rein wäre besser als frei. Thomas Mann? Irgendwie nicht. Muß er mal Ute, also, kleiner Einschub für Vergeßliche, die Bardame aus der Mitte dieses Textes, fragen.

Am Strand der Birnenwechsler

ALS ich neulich wieder einmal in der mit dicken alten Kirchen angefüllten Stadt Rostock zu tun hatte, wollte ich die Gelegenheit nicht ungenutzt lassen, die wunderbaren Backsteinungetüme ausnahmsweise keines Blickes zu würdigen und statt dessen ein wenig am Saum der Ostsee herumzulaufen, denn Strandspaziergänge, so sagt man, «machen den Kopf frei», und das Stapfen durch den Sand trainiere sämtliche Muskelgruppen und erspare einem auf diese Weise den Erwerb eines teuren Gesundheitstrampolins. Der Strand ist im Vorort Warnemünde befindlich, wohin man mit der S-Bahn gelangt. Über die Berliner S-Bahn weiß man im ganzen Land, daß sie sehr wetterfühlig ist und ein divenhaft launisches eigenes Köpfchen hat; wenn sie nicht will, dann will sie eben nicht. Sollte sie aber mal in einen Bahnhof einzurollen geruhen, wird der Fahrgast darin ununterbrochen angesungen, angeflötet und angebettelt. In der Münchner S-Bahn hingegen reist man ruhig, doch es war schon gelegentlich zu hören, daß ihre Türen zufrieren. Man kann nicht rein und demzufolge auch nicht raus. Unbemannt und somit höchst besinnlich gleiten die Waggons durchs winterliche München. Von der Hamburger S-Bahn hört man ebenfalls nur Gutes. Wie auf Samtpfötchen schlängelt sie sich durch die ruhmreiche alte Handelsstadt. Allerdings saß ich einmal während einer langen Fahrt von Hamburg-

Hauptbahnhof nach Klein Flottbek einem Mann gegenüber, der eine Katzentransporttasche mit sich führte, in der gleich zwei jener Rassekatzen schlummerten, die um des lieben Effekts willen ohne Fell gezüchtet werden. Nackt wie Nattern lagerten sie in ihrer Reisebox. Hätte ich mich zu der Tasche hingebeugt und gesagt, na, was sind denn das für ausgefallene Kätzchen, wäre ich gewiß in ein nicht enden wollendes Gespräch verwickelt worden, denn der Transporteur des miauenden Natterngezüchts guckte mich erschreckend auskunftsbereit an. Ich schwieg also lieber, fühlte aber tief in mir drin, wie das Samtpfötchen-Image der Hamburger S-Bahn zusammenbrach wie ein Kartenhaus im elften Septemberwind. Samtpfötchen ohne Fell – paradox und unattraktiv. Als ausgesprochen taktlos würde man es empfinden, wenn eine solche Katze einem Schwerkranken, nach der Chemotherapie etwa, als Genesungsgehilfe geschenkt wird. Froh war ich, als Klein Flottbek erreicht war, wo ich im Botanischen Garten Loki Schmidt Tribut zollte, die gute Gründe gehabt haben könnte, sich für Tiere weniger zu interessieren als für Pflanzen.

Die Rostocker S-Bahn wird in überregionalen Nachrichten nahezu nie erwähnt. Selbst in Städten mit hohem Bildungsniveau wie etwa Tübingen wird man Tausende und Abertausende Menschen zusammentrommeln können, die noch nie von der Rostocker S-Bahn gehört haben. Es wäre jedoch überzogen, diesen Menschen deswegen die Lebensberechtigung abzusprechen, schließlich gibt es kaum einen vernünftigen Grund, der Rostocker S-Bahn ein Riesenbrimborium zu widmen. Immerhin sind im Umfeld des Hauptbahnhofes zwei Graffito-Sprüche zu entdecken, deren rührende Armseligkeit nicht ohne Reiz ist, nämlich «Politik + Bahn = schämt euch» und «Werbung = Verarsche + Verblödung». In der S-Bahn selbst gibt es, wie in anderen S-Bahnen auch, keine Toilette, dafür allerdings eine erste Klasse, in der nie jemand sitzt, vermutlich weil es zu «abgehoben» ist, darin Platz zu nehmen, in erster Linie aber, weil sie entsetzlich stinkt. Teilnehmer «fröhlicher Fußballfeste» benutzen die erste Klasse offenbar gewohnheitlich als Urinal. Der herrschende Geruch konnte jedenfalls kein Resultat eines einmaligen Ausrutschers sein, das Abteil roch wie eine stark frequentierte Flughafentoilette, die Metallverkleidungen waren zudem regelrecht zerätzt vom Harn all der «friedlichen jungen Leute, die gerne mal ein Bier trinken». Die naheliegende Idee, das Abteil hin und wieder mit einem harten Wasserstrahl durchzuspritzen, hat man bei der Bahn offenbar verworfen, weil sich das nicht rechnen würde, für die paar First-Class-Snobs, die sich in so einer bodenständigen Gegend einfinden, schließlich ist man ja nicht in Neuilly-sur-Seine oder Monaco. Ich machte es mir also bequem im Pissedunst. Schließlich hatte ich ja dafür bezahlt und beschloß, meine Nase durch den Verzehr stark riechenden Fruchtgummis, der Lektüre des FAZ-Feuilletons und den Gedanken an die zu erwartende Meeresbrise zu überlisten. Für zwanzig Minuten war das auch auszuhalten; man ist ja kein Zuckerpüppchen, sondern ein realitätsgestähltes Mannsbild, das natürlich viele Erdgegenden kennt, in denen die Menschen auf Knien dafür danken würden, in einer vollgepullerten S-Bahn sitzen zu dürfen. Aushalten muß man natürlich auch die scheelen Blicke der im Türbereich stehenden Autochthonen, die einen durch die Glastür hindurch beobachten, als wollten sie sagen: «Sieh an, ein feiner Herr im Pissedunst! Na, vielleicht hat er seinen Geruchssinn verloren. Das kann schon mal passieren, wenn man erschreckt oder gekitzelt wird. Dann riechen die Leute plötzlich nichts mehr, und man muß ihnen beschreiben, wie eine Wurst oder ein Wein riecht. Das ist für einen Menschen freilich längst nicht so schlimm wie für einen Hund. Für einen Hund ist es dafür kein allzu großes Problem, wenn er blind ist.»

Ostdeutsche Seebäder sind bekanntlich bezaubernde Orte. Doch mangelt es ihnen an einer gewissen Mondänität. Man sieht dort vor allen Dingen ältere Ehepaare mit einem stark ausgeprägten Seßhaftigkeitshintergrund. Ich habe nichts gegen Menschen mit einem solchen Hintergrund, im Gegenteil: Maßvolle Seßhaftigkeit ist unser Zukunftsmodell. Die Bahn, sagt man, sei eine gute Alternative zum Flugzeug und das Fahrrad zum Auto. Eine noch bessere Alternative zu Flugzeug und Auto wäre jedoch ein verkleinerter Aktionsradius. Seßhaftigkeit ist also heute keine alleinige Lebensform der Armut mehr, sondern auch eine der Avantgarde. Die Seßhaften in Warnemünde sind aber nicht so seßhaft, daß sie allesamt dort geboren worden wären, sie kommen vielmehr aus

Orten wie Dessau oder Lutherstadt Eisleben zur Ostsee, unter anderem weil sich im Warnemünder Hotel Neptun eines der allerletzten Original-Broiler-Restaurants befindet. Zwar gibt es in ostdeutschen Restaurants häufig Sonderaktionen namens «So gut schmeckte es in der DDR», doch der Broiler schmeckt dort nicht mehr wie früher, weil die Staatsführung das Rezept für die Würzmischung mit ins Grab genommen hat. Nur in Warnemünde kennt man es noch. Ich setzte mich also in die original eingerichtete Broiler-Bar von 1971 und begehrte eine Portion der inzwischen raren Speise.

1971! Ich fühlte mich sogleich wie ein Dreizehnjähriger, zumal die anderen Lokalgäste mich ebenfalls an 1971 erinnerten, als die Welt in erster Linie von unglaublich schlecht gelaunten Ehepaaren bevölkert war, deren männliche Teile nichts Schöneres kannten, als Kinder von Grundstücken zu jagen und ihnen mit der Polizei und Überweisungen «ins Heim» zu drohen. Und immer dieses Am-Ohr-Ziehen! «Na, was machen wir denn jetzt mit dir?» Wie unhöflich man damals zu Kindern war! Das hat sich grundlegend geändert. Man war als Kind allerdings auch ein klein wenig frech. Zwei meiner Glanztaten aus dem Jahre 1971: Zusammen mit einem Altersgenossen beschriftete ich zwei Zettel mit der Aufforderung «Schlaft ein!» Mit diesen Zetteln stellten wir uns feixend neben eine ihre «Erwachet»-Broschüre hochhaltende Zeugin Jehovas. Die Frau hat sich das leider gefallen lassen. Noch heute ist es für mich grauenhaft, mit Leuten konfrontiert zu sein, die sich nicht wehren. Die andere Glanztat: In eine Apotheke reingehen, sagen: «Wir hätten gern ein Kilo Rauschgift», gackernd wieder rauslaufen, nach fünf Minuten wieder reinrennen und sagen: «Jetzt hätten wir gern zehn Kilo Rauschgift», wieder rauslaufen, dann das gleiche noch einmal mit hundert Kilo Rauschgift. Und das waren noch zwei relativ ehrbare Aktionen, verglichen mit einigen anderen, die ich auch nach vierzig Jahren lieber niemandem erzähle. Wie schön hätte ich mit solcherlei dreizehnjährigen Einfällen die muffligen Geflügelesser in Warnemünde ärgern können! Das Lokal stürmen und schreien: «Esse, fresse, Klo besmutze und hinterher nicht Bürst' benutze!», immer wieder diesen einen, schön dummen Spruch schreien, bis man heiser ist und rot wie eine Feuerwanze im Gesicht, schließlich rausgeworfen werden, aber mit was für einem Spaßgewinn!

Eines der Retro-Couples in der Broiler-Bar hätte sich indes auch eine kleine Beschimpfung redlich verdient gehabt. Satt von Huhn und Salzkartoffeln, guckte es mit fetten blöden Augen aus dem Fenster, genauer gesagt, mit Augen, die man sich heimlich gern in unfreiwilligem Kontakt mit einem Specht vorstellt. Damit man sich das Ehepaar besser vergegenwärtigen kann, möchte ich noch erwähnen, daß der Mann, genau wie nahezu hundert Prozent seiner Alters- und Geschlechtskollegen in Warnemünde, über seinem kurzärmeligen Hemd eine Weste mit etwa zehn aufgenähten Taschen trug. Wer nicht weiß, wie man eine solche Weste nennt, könnte nach einiger geistiger Anstrengung auf die Idee kommen, sie heiße

Birnenwechselweste. Für den Fall, daß man nämlich einen Kronleuchter mit zwanzig erloschenen Leuchtkerzen hat, aber keine Lust, zum Wechsel jeder einzelnen Birne die unangenehme Trittleiter immer wieder herauf- und herunterzusteigen, leistet ein solches Kleidungsstück beste Dienste. Man befüllt seine zehn Westentaschen mit neuen Birnen, steigt hoch und kommt mit zehn Taschen voll verbrauchter Birnen wieder runter. Ein sehr sinnvolles Kleidungsstück also, wenngleich nicht für den Strand, denn die Sterne am Nachthimmel über Warnemünde werden niemals verlöschen. Doch zurück zu meinem aus dem Grillbar-Fenster guckenden Westen-Ehepaar. Draußen ging eine junge Asiatin, vielleicht eine chinesische Studentin, vorbei und überquerte bei Rot eine vollkommen leere Seitenstraße. Kennern der Region, die einwenden, von der Broiler-Bar im Hotel Neptun aus könne man gar keinen ampelbewehrten Fußgängerüberweg sehen, entgegne ich, daß ihr Einwand inhaltlich berechtigt, leider aber auch unwichtig ist. Wichtig hingegen ist, daß der folgende Dialog gewissenhaft memoriert und ungekürzt ist.

Er: Die soll doch nach China fahren. Da kann sie bei Rot über die Ampel.
   Sie: Die nehmen sich hier unglaubliche Freiheiten heraus.
   Er: Weiß waschanni nich, wozu ne Ampel da ist.
   Sie: Das kenn die in China nicht.

Zur Erzielung eines furchtbar interessanten Effekts möchte ich das soeben vollständig zitierte Tischgespräch durch die Schilderung einer wenige Jahre zurückliegenden Situation in einem Berliner Restaurant ergänzen. Darin saß eine ethnisch stark gemischte Gruppe: eine Inderin, ein paar Ostasiaten, ein Afrikaner usw., darüber hinaus eine Art Betreuer oder Kursleiter deutscher Herkunft. Es handelte sich wahrscheinlich um eine Gruppe von der Carl-Duisberg-Gesellschaft, einem Unternehmen, das die interkulturelle Kompetenz fördert.

Der Kursleiter monologisierte:

«Früher hatten wir Deutschen ja einen ganz schlechten Ruf, immer nur an Arbeit denken und daß wir zum Lachen in den Keller gehen. Das kam halt noch von den Preußen her, Pünktlichkeit und Disziplin. Aber wenn man sich heute umhört, dann heißt es doch überall, was für ein wunderbar offenes Volk wir geworden sind. Spätestens seit der Fußball-WM. Das war doch ein Märchen! Heute werden wir auf der ganzen Welt dafür beneidet, wie spontan wir sind, wie wir feiern können, was für gute Gastgeber wir sind. Ich höre nur noch Leute, die sagen: Deutschland ist einfach super.»

Ich kann so wenig Gedanken lesen wie jeder andere, aber ich war mir sicher, daß zumindest die Inderin, die in meiner Blickrichtung saß, still und heimlich in sich hineindachte: Also, diese Deutschen werden sich wohl nie ändern!

Kleiner Nachsatz zum Thema altmodisches Essen:

In Supermärkten finden wir viele, meist mit Eintopfgerichten befüllte Dosen, auf denen Großmütter mit einem Kochlöffel in der Hand abgebildet sind. Natürlich sind es nostalgisch idealisierte Großmütter; niemand verlangt, daß man tatsächliche heutige Großmütter in hautengen Jeans auf die Dosen druckt. Doch müßte es nicht allmählich statt «Omas Kartoffeltopf» zutreffender «Ururomas Kartoffeltopf» heißen? Selbst die Großmütter derer, die heute ins Großelternalter kommen, haben oft schon nicht mehr gekocht, sondern nur noch «was warm gemacht». Da jedoch «Ururomas Kartoffeltopf» einfach zu knochig und spinnwebenüberwuchert klingt, sollte man auf den Eintopfdosen in Zukunft vielleicht eine jener bewährten idealisierten Großmütter mit einem Büchsenöffner in der Hand abbilden.

Blumenkübel vor dem Eingang böser Krankenkassen
Eine Splittercollage

So wie's halt immer ist:
 Man findet Weltformel.
 Läßt Weltformel im Taxi liegen.
 Hat sich aber – gottseidank! –. fürs Finanzamt eine Quittung geben lassen, auf der die Telefonnummer des Taxiunternehmens steht. Bekommt Weltformel wieder!
 Findet Weltformel dann allerdings schlecht und schmeißt sie weg. Bedauert dieses hin und wieder.
 Wird älter und schläft eines Tages ein.

*

Schöne Stelle bei Kempowski:
 Jemand fegte mit seinem Mantel einen Aschenbecher mit Stecknadeln vom Garderobentisch.

*

Der steindumme Satz von Beuys, jeder Mensch sei ein Künstler, und die coole, trockene, zumindest cool und trocken scheinende Replik von Rosemarie Trockel, jedes

Tier sei eine Künstlerin. (Hinterher erfuhr man, das sei ihr ernst gewesen!)

*

Ein offenbar begabter Typ: Er biß seinem Schönheitschirurgen die Nase ab und nähte sie ihm mit Hilfe eines auf dem Schreibtisch liegenden Lehrbuchs sofort wieder an.

*

Madonna sieht inzwischen aus wie eine jener gehässigen Matronen aus frühen Farbfilmen von Alfred Hitchcock.

*

«Peter Alexander – eine große Begabung, die sich in der Volksunterhaltung verschwendet hat.»
 «Ja, darf das Volk denn nicht von großen Begabungen unterhalten werden?»
 «Darf schon, ist aber nicht nötig. Das Volk merkt doch gar nicht, ob es von einer großen oder mäßigen Begabung unterhalten wird. Für die Volksunterhaltung genügen Leute wie Hansi Hinterseer vollkommen. Die Leute wollen doch nur, daß ihre Zeit warm und mollig verstreicht. Dafür muß man doch keine großen Talente einsetzen!»
 «Mehr als eine zwielichtige Meinung ist das aber nicht!»

Daß sich ziemlich betagte Männer mit langen Haaren ihre Haare neuerdings mitunter blond färben, finde ich durchaus nicht falsch.

*

Nicht nur in Gegenwart von Kranken, Kindern und Schwangeren sollte man nicht rauchen, sondern auch nicht in Gegenwart von Diamanten. Behaupte ich einfach mal. Ich bin mir sicher, daß kein einziger Antwerpener Diamantenhändler mir widersprechen würde. Doch wenn wir gerade dabei sind: Man sollte in Gegenwart von Diamanten auch nicht schmatzen oder Mitmenschen verprügeln. Man sollte überhaupt niemanden verprügeln. Man sollte sich in Gegenwart von Diamanten nicht einmal in der Nase bohren. Man sollte sich, wenn man im Begriff ist, etwas Niedriges zu tun, immer sagen: Es könnte ein Diamant in der Nähe sein. Es könnte auch ein Mensch in der Nähe sein. Am Ende allen Überlegens, allen Zweifelns muß man sagen: Man lebt bei Diamanten. Man muß sich zusammenreißen. Man darf nicht wollen, daß das Glitzern des Ganzen durch das unwichtige Herumhampeln einer Einzelperson geschmälert wird.

*

Ein Parfumhändler in Berlin-Charlottenburg sagte einmal zu einem Kunden: «Parfum darf man nicht verreiben, weil sonst die Duftmoleküle zerstört werden.» Der Kunde verkniff sich einen Kommentar, sagte aber beim Abendessen spaßeshalber zu seinen Mitspeisenden: «Essen soll man nicht zerkauen, weil sonst die Aromaatome zerstört werden.» Die Mitspeisenden jedoch haben das irgendwie nicht kapiert.

*

Unter sensiblen Menschen, insbesondere Künstlern, gilt es als angebracht, in einem förderlichen und freundschaftlichen Verhältnis zu Bäumen zu stehen. Alexandra sang «Mein Freund, der Baum», Zarah Leander erörterte in einem Song sogar das Küssen von Baumrinde. Auch das Umarmen von Bäumen gilt in einigen Milieus als sittenkonform. Das soll hier keinesfalls kritisiert werden. Doch nenne man mir einen einzigen namhaften Sänger, der sich herabließ, ein Lied namens «Mein Freund, der Strauch» in sein Repertoire aufzunehmen! Und wo sind die Schauspieler, die sich in Talkshows für Sträucher stark machen? Sträucher scheinen keinerlei Lobby zu haben. Warum ist das so? Diejenigen, die immer alles wissen, geben nun zu Protokoll: «Der Strauch als solcher löst im Menschen aus zweierlei Gründen keinen Beschützerinstinkt aus. Erstens, weil Sträucher nicht selten unangenehm saure Früche tragen, z.B. Stachel- oder Johannisbeeren. Einmal im Jahr kauft man sich aufgrund des jahreszeitlichen Rituals ein Schälchen mit solchen Beeren, ißt zwei, drei Exemplare, und den Rest schmeißt man nach einer Woche weg. Zweitens kann man nur als kratzfest eingewickeltes Kleinkind unter einem Strauch Schutz vor der Sonne suchen.»

Darauf wäre zu erwidern: «Auch Bäume tragen nicht selten unangenehm saure Früchte, Zitronen etwa. Gewisse andere Bäume haben dermaßen stachelige Samenhüllen, daß man den Schatten, den sie spenden, nicht zu allen Jahreszeiten ohne Sicherheitsvorkehrungen genießen sollte.»

Der Vater dieser Zeilen könnte einen Zeugen beibringen für ein Vorkommnis aus dem Jahr 2001. An einem windigen Septembertag saß er unter den Roßkastanien eines Biergartens in Meißen. Mehrfach hörte man Leute aufheulen, denen eine grüne Stachelfrucht ins Bier oder auf den Schädel gefallen war. Bei einer besonders heftigen Bö warf sich ein Mann wimmernd auf den Boden, während ein anderer, man weiß nicht wie scherzhaft, brüllte: «Das ist hier ja wie beim World Trade Center!»

Also in Zukunft bitte die gedankenlose Bevorzugung von Bäumen gegenüber Sträuchern unterlassen!

*

Eindruck von einer Abi-Feier in Brandenburg: Die Schulabgänger haben sich ein bißchen feingemacht. Während die jungen Männer ungefähr so aussahen wie Abiturienten vor dreißig Jahren, neugekaufte Samtjacketts und so, war die Aufmachung der Frauen fast durchweg an jenen Idolen orientiert, die man aus den Boulevardmagazinen des Vorabendprogramms kennt, also an Models, Moderatorinnen und sonstigen «Celebrities». Kaum eine trug keine Jennifer-Aniston-Frisur. So wirkten sie gar nicht wie Abiturientinnen, sondern wie Verkäuferinnen, die sich für eine Hochzeit oder einen Musicalbesuch herausgeputzt hatten. Selbstdegradierung durch «Glamour»!

*

Hinweis neben der Tür zur Herrentoilette eines Restaurants in der thüringischen Stadt Mühlhausen:
  Lichtschalter Toilette Herren in der Damentoilette

*

Damit die jungen Frauen nicht schlechter «wegkommen» als die entsprechenden Männer: Man hört auch von Abi-Feiern, anläßlich derer männliche Schüler Stripperinnen bestellen, die sich als «lebendes Buffet» auf einen Tisch legen. Wer dies befremdlich findet, würde von den Abiturienten vermutlich aufgrund ihres geringen Wortschatzes als «spießig» bezeichnet. Die Frauen mit den Jennifer-Aniston-Frisuren würden die erwähnte Praxis gewiß «leicht daneben, aber auch irgendwie witzig» nennen. Optimistischer darf man nicht sein. Wir leben jetzt in so einem Land. Auszuwandern brächte keinen Nutzen, denn Popkultur ist fatalerweise überall.

*

Plastische Gesichtschirurgie hat den unbestreitbaren Reiz durch Frost unterbrochener Verwesung. Jocelyn

Wildenstein wird immer einen Platz in unseren kalten, bösen Herzen haben.

*

Welche Funktion hat eigentlich das Wort «eigentlich» in der Frage «Sind Ihre Texte eigentlich autobiographisch?»?

*

Als erste Straße der Welt wurde 1838 der Jungfernstieg in Hamburg asphaltiert. Ist das interessant oder uninteressant? Ich meine, eher ersteres als letzteres. Für das, was man im Englischen «Trivia» nennt, also wissenswerte, zusammenhangslose Kleinigkeiten, hat sich in unserer Sprache in den letzten Jahren der inhaltlich unrichtige Begriff «überflüssiges Wissen» etabliert. Besser scheint es mir, von «Kleinwissen» oder «Quizwissen» zu sprechen, noch besser wäre es, das alte Wort «Konversationswissen» wiederzubeleben. Kommt man im Gespräch nicht recht weiter, sagt man rasch: «Als erste Straße der Welt wurde 1838 der Jungfernstieg asphaltiert!», und wenn daraufhin doch wieder quälende Stille einsetzt, ist man wenigstens nicht derjenige, der daran schuld ist. Wenn man Glück hat, gerät man an jemanden, der erwidert: «Meine Frau ist ja etwas sonderbar. Sie riecht gern frisch geteerte Straßen.» Natürlich muß man darauf antworten: «Richten Sie Ihrer Gemahlin bitte aus, daß Teer nicht das gleiche wie Asphalt ist. Die Verwendung von Teer zum Straßenbau ist in Deutschland seit Jahrzehnten verboten. Übrigens kennt man auch natürlichen Asphalt. Auf der karibischen Insel Trinidad gibt es sogar einen Asphaltsee.»

Ein richtiggehender Konversationsknüller ist auch die Information, daß China der größte Kartoffelproduzent der Welt ist. Obgleich diese Tatsache nicht geheim und noch nicht einmal schwer zugänglich ist, löst sie stets größte Verblüffung aus: «China? Kartoffeln? Ißt man denn dort nicht nur Reis?»

*

Warum Fliegen auch dann unter der Deckenlampe kreisen, wenn sie gar nicht brennt? Das wissen wahrscheinlich Zigtausende von Menschen in Deutschland, weil die Frage einmal in einem dieser Wissens-Magazine des Fernsehens als «Rätsel des Alltags» präsentiert wurde.

*

Was man im Leben nicht alles bereits zu wissen geglaubt hat! Jahrzehntelang glaubte ich, ein «pièce de résistance» – also ein bleibendes Meisterwerk – wäre ein Zimmer, in dem sich im besetzten Frankreich Widerstandskämpfer vor den Nazis versteckt hätten. Ebensolange war ich der Überzeugung, das volkstümlichste Meisterwerk von Johann Sebastian Bach, nämlich «Air», hieße nicht «Air», sondern «Er», und mit «Er» wäre Gott gemeint. In jüngerer Zeit glaubte ich mindestens zwei Jahre lang, das «MP» in «MP3» stünde für Max

Planck. Das hatte mir jemand erzählt, und ich sah keinen Anlaß, an der Auskunft zu zweifeln. Ich dachte, das ist doch logisch, das MP3-Format wurde schließlich vom Fraunhofer-Institut entwickelt, wo man Max Planck doch gewiß verehrt.

*

Als ich einmal in Linz war, bemerkte ich einen Hinweis auf das Museum der Zahnmedizin in Oberösterreich: «Verfolgen Sie hier die Entwicklung der oberösterreichischen Zahnmedizin im Zeitraffer!»
 Da dachte ich: Wozu denn im Zeitraffer? Lieber in Zeitlupe! Gerade in dem unwahrscheinlichen Fall, daß sich jemand für die Entwicklung der Zahnmedizin in OÖ interessiert, möchte er doch, daß ein Vortrag über sein Lieblingsthema möglichst lange dauert!

*

Ein Mädchen zu einem Jungen: «Wieviel Prozent der Deutschen glauben, eine Behindertentoilette dürfe ausschließlich von Behinderten benutzt werden? 7, 17 oder 27? Bei richtiger Lösung darfst du mich küssen.»
 «17!»
 «Du darfst!»
 Beim Küssen denkt er: «Wahrscheinlich hätte sie jede andere Zahl auch akzeptiert. Sie wollte halt eh!»

Alter Euphemismus für eine Vergewaltigung: rauhe Brautwerbung

*

Sketch für «Ladykracher» oder ähnliches:

Ein Typ sucht im Restaurant die Toilette. Zunächst bemerkt er ein aufs Untergeschoß verweisendes Piktogramm «WC Damen/Herren» und denkt: «Bäh, Treppe!» Dann sieht er ebenerdig eine schöne große Tür mit Rollstuhl-Aufkleber dran. Er denkt: «Och, sind ja eh keine Behinderten in der Nähe!» und geht hinein. Wie er die Toilette verläßt, steht ein Rollstuhlfahrer vor der Tür, der offenbar schon ein «Weilchen» gewartet hat.

Der Typ, *verlegen*: Oh, Entschuldigung, daß ich auf *Ihrer* Toilette war. Aber ich habe einen Hexenschuß. Da bin ich ja gewissermaßen momentan auch so ein klein bißchen behindert.

Der Rollstuhlfahrer, *angeödet*: Das ist nicht *meine* Toilette.

Der Typ, *geschwätzig ausflüchtend*: Ich weiß, natürlich, das ist nicht Ihre private persönliche Toilette, aber auf eine bestimmte Weise ja doch eher Ihre als meine …

Der Rollstuhlfahrer, *weiterhin angeödet*: Schönes Leben noch!

Ein Fünfzigjähriger sitzt allein zu Hause und ißt was:

«Es war immer so schön, ein ‹situativer weißer Einzelesser zwischen 18 und 49› zu sein!» denkt er belustigt, doch später denkt er ernst:

«Was man mit 30 noch nicht kann und mit 50 nicht mehr will, hätte man mit 40 eigentlich tun können.»

*

Kinderfrage an einen sogenannten Achtundsechziger:

Was war denn nun schlimmer: der Mief der Adenauerjahre oder der Muff unter den Talaren? Und wenn die Richter ihre Talare anhoben, um den Muff entweichen zu lassen, hat das den allgemeinen Mief dieser Jahre verschlimmert oder gelindert?

*

Vor die Aufgabe gestellt, Träger von Brillen mit roten Gestellen knapp zu umschreiben, fiel mir nichts Besseres ein als: Frauen gegen Ende ihrer Berufstätigkeit.

*

Bestellt man etwas zu essen oder zu trinken, erwidern lediglich Ober in Wiener Kaffeehäusern noch: «Gerne.» In Deutschland hört man dagegen: «Das kriegen wa hin!» oder «Alles klar!» Oft aber auch: «Natürlich!» Als ob man dem Gast schon von weitem ansehen könnte, daß er auf keinen Fall etwas anderes möchte als z. B. ein «Kabeljaufilet auf Kirschtomatenrisotto mit Fenchel in Pernod-Jus». «Natürlich» möchte er das! Was denn sonst?

*

«Erst wird's Kohl-Rouladen noch und nöcher geben und Bier, soviel man mag. Dann singen und tanzen für Sie die ‹Magic Ladyboys› aus Thailand, und zwar geschlagene drei Stunden lang. Lohnt sich ja nicht, die Jungs aus Asien einfliegen zu lassen und sie dann nur zehn Minuten performen zu lassen. Da sich unsere WC-Anlagen hinter unserer improvisierten Bühne befinden, werden aus Gründen der Höflichkeit gegenüber unseren ausländischen Gästen Toilettenbesuche während der Showtime nur außerordentlich ungern gesehen.»

*

Gastronomischer Hinweiszettel: «Liebe Gäste: Ab 22 Uhr bitten wir zur Gewährleistung der Nachtruhe unserer Nachbarn um absolute Ruhe, da wir sonst die Schankterrasse schließen müssen.»

Eigentlich ist das Gegenteil von absoluter Ruhe gemeint. Man bittet um relative Ruhe. Um absolute Ruhe kann man kein Lebewesen bitten, nicht im Dorf, wo Hunde hecheln, nicht in den Metropolen, nicht an den Peripherien, wo böse leuchtende Fahrzeuge die in dunklen Verschlägen rauchenden Nutten ansteuern. Sogar die stumme Nachtigall aus dem Gedicht von Clemens Brentano wird gelegentlich flattern oder Nestbaugeräusche verursachen und denjenigen, der ein neugieriges Ohr an ihren kleinen Leib legt, mit einem Darmgluckern erfreuen. Kennt die Wissenschaft überhaupt den Begriff der absoluten Ruhe, vergleichbar mit dem absoluten Nullpunkt bei −273,15 °C? (Auch unvorstellbar: Wieso soll es denn nicht noch ein, zwei Grade kälter sein können? «Geht halt nicht!» sagen die Physiker, allwissend frech den pappenen Kaffeebecher knetend.) Und: «Laß die Moleküle rasen!» forderte Christian Morgenstern. Es ist undenkbar, daß ein Rasen – also ein Toben – noch so kleiner Teile absolut geräuschlos vor sich geht. Wer die Ohren spitzt, hört immer was. Auch wer Ohrenstöpsel benutzt, hört immer was. «Ich kann mit Ohrenstöpseln nicht schlafen!» sagt manch ein Gegner solcher Hilfsmittel, «weil ich dann meinen Herzschlag höre.» Wer seinen Herzschlag hört, denkt an sein Ende, und das Ende, Freunde, ist immer nah.

*

Ich hatte ein Gerüst vorm Fenster, als das Telefon klingelte. Nachdem ich das Gespräch angenommen hatte, begann einer der Gerüstmenschen, seine Bohrmaschine in die Hausfassade zu rammen. Mein Gesprächspartner fragte mich: «Sag mal, bist du beim Zahnarzt?» Ich erwiderte: «Also, ein bißchen anders klingt das aber schon!» Vermutlich gibt es tatsächlich Leute, die telefonieren, während ihnen der Zahnarzt im Munde bohrt. Vielleicht könnten Zahnärzte davon sogar ein Liedchen singen.

*

Ein Zitat aus der Zeitschrift «Network.Karriere»:
«Wer seine Visitenkarten im Portemonnaie oder im Aktenkoffer aufbewahrt, braucht sich über Lippenstiftspuren und Eselsohren nicht zu wundern.»

*

Schweißtreibende Situation: Man muß sich von einer Sekunde auf die andere mit Nancy Sinatra unterhalten:
«Did you like your father?»
«Of course I liked my father, I loved him!»
«I didn't like your father. But I liked Rod Stewart.»
«Okay ...»
Dieses in die Länge gezogene, sich in einem taktischen Lächeln auflösende «Okay ...», dem ein scharfer Themenwechsel oder ein entschuldigter Abgang folgt, hat sich in Deutschland inzwischen auch breitgemacht.

*

In alten Filmen entfliehen Frauen oft unangenehmen Gesprächen, indem sie sagen: «Entschuldigen Sie, ich bin furchtbar müde. Ich glaube, ich möchte mich ein wenig hinlegen.»

Das ginge heute nicht mehr. Man würde es Frau Merkel übelnehmen. Die Chefin darf sich keine Pausen mehr gönnen. Ob Politiker wohl sehr viele Tabletten nehmen? Wenn man bedenkt, wie müde man schon von normaler Arbeit wird, ist es sehr wahrscheinlich, daß in den Ministerien säckeweise «prescription drugs» in den Wandschränken lagern, wie einst bei Michael Jackson. Trotzdem muß man freundlich sein zu diesen Leuten.

*

Als Nordkorea Hillary Clinton neulich als «komische Dame» bezeichnete, die bald einem Schulmädchen, bald einer Rentnerin beim Einkaufen ähnele, freute sich ein kleiner Teil der freien Welt wie ein Schneekönig, «obwohl oder gerade weil» die Kritik überhaupt nicht treffend, sondern lediglich sinnlos dreist war. Die Außenministerin gleicht weder einer Schülerin noch einer Rentnerin – sie ist der klassische Drachen, und der Drachen ist ein sehr respektabler Frauentyp, mit dem gut auszukommen ist, allein schon, weil er sich nicht ständig hinlegen muß.

Das Aussehen wird gern kritisiert, bei Frauen inzwischen allerdings viel weniger als bei Männern. Ein noch heute gern reproduziertes Klischee ist, daß Frauen in Fragen des Äußerlichen härter beurteilt würden als Männer. Spätestens seit Helmut Kohl ist das nicht mehr so. «Wie dick will Kohl eigentlich noch werden?» titelte die «Bild»-Zeitung in den neunziger Jahren, und auch die Gewichtsschwankungen Joschka Fischers sowie das Abhandenkommen der Bärte von Rudolf Scharping und Jürgen Trittin waren Gegenstand wochenlanger Erörterungen. Dagegen ist auffällig, daß die Chefin des Internationalen Währungsfonds, Christine Lagarde, stets nur gelobt wird für ihre Eleganz. Niemals wird jedoch erwähnt, daß sie zehn bis fünfzehn Jahre älter aussieht, als sie ist.

*

Auch wenn ständig Photographen um sie herumlungern, um besonders ungünstige Photos zu schießen, hat Angela Merkel im Amt an Schönheit gewonnen. Ihre Schönheit speist sich aus dem Zugewinn an Souveränität. Sie hat etwas erreicht, wovon andere nur träumen können: Sie hat die menschliche Lächerlichkeit überwunden. Sie war einst lächerlich, und heute ist sie es nicht mehr. (Es sei denn, sie läßt sich im Fußballstadion beim «Mitfiebern» zusehen.) Besonders gut sieht sie aus, wenn sie ihr schwarzes Kostüm trägt, was sie leider nur bei unangenehmen Anlässen tut, Mauerbau-Jubiläum oder Papst-Besuch.

*

«Tragt doch mal ein schönes Kleid! Es gibt doch so schöne Kleider!» sagt das Volk insgeheim zu seinen Politikerinnen, aber das geht natürlich nicht. Jedes Kleid, das eine Politikerin trüge, wäre nach Ansicht der Medien immer gerade das falsche Kleid. Zu aufreizend, zu sackartig, zu Königin-Silvia-artig. Irgendwas wäre immer. Dabei sind die Vorteile des Kleidertragens unstrittig: Von unten kommt schön frischer Wind reingeweht, der in der Politik doch immer gebraucht wird, manchmal auch ein bißchen Laub oder so (dann muß man kichern), und es geht einem nie der Hosenlatz auf mitten im Fernsehinterview.

*

Nordkorea: Ein Land, dessen Regierung sich damit befaßt, Damen komisch zu finden – es gibt ja nichts, was es nicht gibt auf Gottes dickem, ranzigem Erdball! Die nordkoreanische Beschimpfung Frau Clintons erinnerte an einen herrlichen Unsinn, den vor einigen Jahren die iranische Nachrichtenagentur über Frau Merkel in die Welt setzte: Sie vernachlässige ihre Amtsgeschäfte, weil sie immerfort Leute mit nach Hause nehme, um ihnen dort ihren Schmuck zu zeigen.

*

Man liebt in Deutschland ja das allzu naheliegende Wortspiel mehr als seine eigene Mutter. Trotzdem ist mir nicht bekannt, daß jemals eine Versammlung von Chefs überregional bekannter Speditionsfirmen als «Brumminenz» bezeichnet wurde.

*

Im Wasserturm wohnen? Och nö, das gluckert doch bestimmt ganz furchtbar, wenn man mal Frauchen und

Kindchen verhaut. Gluckern als stille Anklage gewissermaßen. Obwohl: So richtig still ist Gluckern ja nicht. Allerdings auch nicht so laut, daß es vom Geschrei von Frauchen und Kindchen nicht übertönt würde. «Von daher» könnte man «schonn» im Wasserturm leben.

*

Wie veraltet manche Dinge aus dem Jahr 2000 bereits wirken! Zum Beispiel folgender Deko-Unfug: rechteckige Glasgefäße, die zur Hälfte mit Kaffeebohnen oder roten Linsen gefüllt sind, darin eine Textilblume. Weniger auffällig, dafür um so bemerkenswerter ist, daß kommerzielle Popmusik von heute im großen und ganzen genauso klingt wie die vor zehn Jahren. Nie zuvor hat sich die Aufnahmetechnik so wenig weiterentwickelt wie im letzten Jahrzehnt. Es spricht einiges, jedoch nicht alles dafür, daß Popmusik ein weitgehend abgeschlossenes kulturelles Kapitel ist. Oder bleibt von nun an alles für alle Zeit gleich mit Ausnahme der Mobiltelefone?

*

Aufgeregt herumhampelnde, klemmbrettbewehrte, vielleicht achtzehnjährige Aktivistin im Bahnhof Alexanderplatz wortwörtlich zu einem fünfzigjährigen Mann, der sich gern wortwörtlich merkt, was andere Leute so alles sagen:
 «Hallo, junger Mann, mal stehengeblieben da! Hättest du vielleicht ein klitzekleines bißchen Lust, mit uns

für den Erhalt der Berliner Kinderbauernhöfe zu kämpfen?»

Denken diese Jugendlichen eigentlich, andere Leute würden nicht mitbekommen, wie sagenhaft uncool sie sind? Kann man sich denn mit 18 nicht ein bißchen zusammenreißen?

*

Ein undramatisches Beispiel für Tragik: Wenn der Weinhändler eine besonders gute Flasche Wein in Seidenpapier einwickelt, die dem Käufer zu Hause wegen des glatten Papiers beim Auswickeln entgleitet und zu Boden fällt.

*

Zufällig seine Eltern auf der Straße treffen und denken: «Was haben meine Eltern hier auf der Straße herumzulaufen, mitten in unserer modernen, lebensnahen Innenstadt? Eltern gehören ins Haus oder ins Auto!»

*

Wenn jemand aus nächster Nähe erschossen oder auf eine andere besonders grausame Weise ermordet wird, heißt es auch in sogenannten Qualitätsmedien neuerdings häufig, das Opfer sei «regelrecht hingerichtet» worden. Das ist irre.

Eine Hinrichtung unterscheidet sich von anderen Tötungen nämlich nicht durch eine besonders krasse Vorgehensweise. Das Kennzeichen einer Hinrichtung ist vielmehr, daß ihr ein Richterspruch vorausgeht. Deswegen wurden Henker früher mancherorts als «Nachrichter» bezeichnet. Eine Privatperson kann niemanden hinrichten, auch nicht «regelrecht».

*

Gedanke beim Spazieren auf Kies: Ich seh die Menschen gern auf angelegten Wegen gehen. Da können sie nichts zertrampeln.

*

Anderer Gedanke, ohne Kiesweg: Leute mit schlechten Zähnen sollten keine Sonnenbrillen tragen, denn sonst berauben sie ihre Augen der Möglichkeit, die Aussagen des schadhaften Mundes durch Charme zu korrigieren.

*

«Umschwärmt von Sack und Pack wie Maxi Arland» – heißt es so nicht bei irgendeiner deutschen Hip-Hop-Gruppe? Nein? Dann habe ich mich wohl verhört. Bis vor kurzem kannte ich von genanntem jungen Mann nur den Namen, doch jetzt sah ich ihn im TV, wie er ein Roy-Black-Lied sang, mit beeindruckend originalgetreuem Timbre. Soll er singen, was er will: Maxi Arland hatte bei dem Auftritt eine ausgezeichnete Frisur, etwa wie David Bowie auf dem Cover von «Young Americans». Eine sanfte Tolle, leicht mädchenhaft und im Zusammenklang mit der stattlichen Reckenfigur nicht ohne Reiz. Man sieht heute soviel Männerkopfmist auf der Straße. Besteht denn gar kein Wunsch, nach all den Jahren, die hinter uns liegen, mal wieder etwas anderes zu sehen als kahlrasierte, tätowierte Freizeitgrobis? Will denn gar keine neue Mode mehr kommen? Wenn ich einmal sterbe, möchte ich das mit einer Maxi-Arland-Frisur tun. Jeder Mann, der halbwegs bei Sinnen ist, sollte von dem Wunsch durchdrungen, ja sogar total durchdrungen sein, mit einer Maxi-Arland-Frisur zu sterben, wenn nicht sogar zu krepieren!

*

In Heidelberg war ich einmal bei einem schlechten Friseur. Der Ärger darüber wurde gelindert von einer gewissen Freude an dem Satz: «Ich habe mir in Heidelberg einen schlechten Haarschnitt eingefangen.»

Gab es nicht mal ein Volkslied mit recht ähnlichem Titel? Irgendwas mit Herz? Vielleicht nicht eingefangen, sondern verloren? Auf jeden Fall gibt es ein rumänisches Lied namens «Ich habe zu verdorren begonnen».

*

Immer wieder erstaunlich: daß Autofahrer, die einem Fußgänger signalisieren wollen, er könne die Straße sicher überqueren, glauben, daß man ihre Handbewegungen sehen kann. Man kann es natürlich nicht durch die spiegelnden Scheiben hindurch – man kann allenfalls annehmen, daß sie erstens Handbewegungen machen und zweitens mit einer gewissen empirischen Berechtigung hoffen, daß es Handbewegungen sind, die dem Fußgänger Vorrang und ungefährdete Passage andeuten sollen.

*

«Iß nicht soviel Nüsse, Pia! Davon kriegst du doch nur wieder deine naß-sauren Blähungen!»

*

Wissenschaftler, einen übermüdeten Kollegen neckend:
 «Ihre Augenringe sind ja fast schon ein Fall für die Dendrochronologie!»

*

Ein Schriftsteller berichtete von einer Lesungskritik in einem Regionalblatt, in der bemerkt wurde, daß er nach dem Hinsetzen das Jackett öffnete und es sich nach dem Aufstehen wieder zuknöpfte. Der Journalist vermutete einen Zusammenhang zwischen diesem Vorgang und der Leibesfülle des Schriftstellers. Auch das ist «Popkultur»: Man wird immer häufiger auf Leute treffen, die noch nie in ihrem Leben mit einem Mann zu tun gehabt haben, der ein Jackett trägt.

Allgemein beliebte Durchsage des tschechischen Speisewagenchefs im Euro-City Prag–Hamburg: «Wir habben zu offerieren bähmische Kneedl mit Ei.» Wer auf Reisen von Berlin nach Hamburg statt des ICE den Euro-City nimmt, braucht zwar zwanzig Minuten länger, sitzt jedoch bequemer, und vor allen Dingen kann er im gemütlichen Speisewagen Platz nehmen, in dem noch richtig gekocht wird. Es ist also durchaus möglich, ohne Alfons-Schuhbeck-Beutelfraß zu reisen, besser gesagt: war. Am 8.5.12 ist der tschechische Speisewagen abgebrannt. Leider, muß man hinzufügen. Vorerst keine bähmische Kneedl mehr.

*

Das schlimmste an öffentlichen Äußerungen von Günter Grass ist, daß sie eine Flut von Günter-Grass-Photos nach sich ziehen. Günter Grass scheint mit dem Rapper Bushido zu konkurrieren, was die photographische Definitionsmacht über den Begriff «Visage» anbetrifft. Ich habe ihn mehrmals im ICE zwischen Hamburg und Berlin gesehen, und er sieht tatsächlich genauso aus wie auf den Photos, die erscheinen, wenn er mal wieder eine «Einmischung» vollbracht hat. Amerikaner würden ihn als einen «one face guy» bezeichnen – er hat immer den gleichen Gesichtsausdruck: grantig und selbstgerecht. Er ist, wie mir scheinen will, einer der schamlosesten Menschen, die jemals gelebt haben; für die Leser der «Zeit» ist er allerdings offenbar eine Art Idol. Regelmäßig ist er auf dem Titelblatt der Zeitschrift zu sehen. Vielleicht müßte man sich den genannten indezenten Papierhaufen eines trüben Donnerstags doch einmal kaufen, und sollten die Kinder zu entgleisen drohen, deutet man auf das Günter-Grass-Photo und sagt: «Ich werde zu dir halten, wenn du dich prostituierst. Ich werde dasein, wenn du Drogen nimmst. Wenn du jedoch wirst wie der, dann ist es aus zwischen uns.»

*

Bremer Spruch, wenn einer übel riecht: Riechscha na Stinke.

*

Schneller als erwartet hat man sich an die gastronomischen Rauchverbote gewöhnt. Um so verblüffter ist man, wenn man bei einem Dreitagebesuch in Prag in fast ausnahmslos verqualmten Restaurants sitzt. Vielleicht rauchen die Tschechen soviel, weil sie so ein hübsches Wort für Aschenbecher haben: popelnik. In Großbritannien dagegen regnet es viel. Vielleicht weil das englische Wort für Regenschirm so hübsch ist: umbrella? Freunde des Rauchens bei Regen pflegen innerlich ganz zerrissen zu sein, weil sie sich nicht entscheiden können, ob sie lieber Tscheche oder Brite sein wollen.

*

In dem sich durchweg als hochwertig darstellenden Einrichtungskaufhaus «Stilwerk» gibt es Weingläser, bedruckt mit literarischen Zitaten zum Thema Wein. Auf einem steht, in garstig flotter Werbetypographie: «Schade, daß man Wein nicht streicheln kann. Kurt Tucholsky».

*

Zu Hause angekommen stellt man fest, daß man sich einen Jackettschoß hinten in die Hose gesteckt hat, offenbar nach dem letzten Toilettenbesuch. Eine Stunde lang ist man draußen so rumgelaufen, Hunderte müssen es gesehen haben, und keiner hat was gesagt.

*

Alle wollen Wein trinken wie Weinprofis. Sie schwenken und schaukeln und halten Nasen von Fred Sinowatzschen Dimensionen in die Gläser. Ist Eleganz beim Weintrinken überhaupt kein Kriterium? Ein zweifelsohne eleganter Mensch ist Bryan Ferry. Es ist völlig unvorstellbar, daß einer wie er den Wein im Glas herumschaukelt und kritisch prüfend daran schnüffelt. Ein eleganter Mensch trinkt auch die besten Weine so nebenbei wie möglich. Ist man also nicht gerade Sommelier, Gastronomiejournalist oder sonstwie vom Fach: Unauffällig trinken bitte, ohne Getue und auskennerische Kommentare.

Meum est propositum in taberna mori = Es ist mein Vorsatz, in der Kneipe zu sterben.

*

Auf der Titelseite der Berliner «BZ» geht es normalerweise um Benzinpreise, Hartz-IV-Sätze und «Abzocke». Gelegentlich gibt es jedoch auch charmante Schlagzeilen. Einmal war zu lesen: «Wowereit heimlich in Berlin.» Wer den Regierenden Bürgermeister von Berlin, Klaus Wowereit, nicht kennt, sollte wissen, daß diese Meldung einen Klang hat wie «Pinguin heimlich in der Antarktis» oder «Lady Gaga heimlich auf YouTube». Sehr schön war auch: «Streisand baut sich Shopping-Mall im Keller». Ich stellte mir sogleich schlechtbezahlte Menschen vor, die unter der Villa der schlafenden Sängerin Barbra Streisand darauf warten, daß diese endlich aufwacht und im Pyjama in den Keller geht, um sich etwas zum Anziehen zu kaufen. Hätte ich eine Shopping-Mall im Keller, würde ich allein schon aus Gründen der sozialen Großzügigkeit einmal pro Tag nach unten gehen und die Angestellten fragen: «Wie war noch einmal Ihr Name? Ihr Vater war auch in der Wehrmacht? Ihre Mutter wartet schon seit 35 Jahren auf ihr künstliches Hüftgelenk? Ich schreibe mir ihren Namen auf und werde meine Mitarbeiter umgehend veranlassen, sich darum zu kümmern!»

Mögliches Lebensmotto: «Na, dann eben nicht!»

*

Zweisprachig erzogene Bisexuelle mit Fahrrädern auf dem Autodach: Leute, die sich alle Optionen offenhalten wollen – irgendwie leicht widerlich. Ein paar nette gibt's natürlich schon darunter. Klar! Gibt ja auch nette Mörder!

*

Aber es müssen ja nicht gleich Mörder sein. Es gibt auch noch Schmuggler. Ist aber Schmuggelei tatsächlich etwas Ringförmiges? Ich stelle mir bei dem Wort «Schmugglerring» immer selbsthilfegruppenartig im Kreis sitzende Menschen vor, die in einem nutzlosen, unendlichen Vorgang Zigarettenstangen an ihren Sitznachbarn weiterreichen.

*

Ein dem Geistvollen nicht abgeneigtes Ehepaar, das sich, weil das Sofa eben nicht vor dem Computer, sondern im Wohnzimmer steht, trotz guter Vorsätze noch nicht dem Trend angeschlossen hat, nur noch im Internet fernzusehen, aber auch keine Lust hat, sich von RTL oder SAT1 die «Birne vernebeln» zu lassen, guckt mal wieder aus lauter Trägheit Phoenix, Bayern 3, Arte und 3sat. Natürlich kommt wie fast jeden Tag ein Film über die gräßlichen Komodo-Warane. Geht die Frau in die Küche und wäscht Radieschen. Kehrt sie ins Wohnzimmer zurück und fragt: «Hab ich irgendwas verpaßt?» Meint der Mann: «Nö, da kam nur wieder so ein Film über diese Kosovo-Warane.» Gucken die beiden noch drei Stunden weiter Phoenix und 3sat und gehen dann ins Bett. Schreckt der Mann kurz vorm Einschlafen hoch und sagt: «Du, ich meinte nicht Kosovo-Warane, sondern Komodo-Warane!» Meint die Frau: «Ach, das erzähl mir doch morgen!»

*

Hallo RTL!

TV-Mensch, seine telefonische Sprechdüse zuhaltend:

«Hier ist ein älterer Mann, der 160 verschiedene Plastikwasserflaschen gesammelt hat und fragt, ob wir einen Bericht über ihn machen wollen.»

«Frag ihn mal, ob er einen Hund hat?»

«Haben Sie einen Hund? – Ja, er hat einen Hund.»

«Dann fahren wir hin. Einen 90-Sekunden-Beitrag können wir allemal herausschinden.»

«Ist das nicht einen Zacken zu uninteressant für unsere Zuschauer?»

«Ich fürchte, für unsere Zuschauer ist nichts zu uninteressant!»

*

Politikmagazine im TV: Daß diese oder jene böse Krankenkasse mal wieder kein Interview gewährt hat, wird den Zuschauern stets in eingeschnappt-anklagendem Ton mitgeteilt. Als ob es irgend jemandes staatsbürgerliche Pflicht wäre, Fernsehmagazinen Interviews zu geben. Sie sehen sich offenbar als eine unverzichtbare Kontrollinstanz, ohne die die Demokratie aufgeschmissen wäre. Und wie unbeholfen sie ihre Berichte bebildern: Aus Faxgeräten rausquellende Faxe, Eingang von böser Krankenkasse, Blumenkübel vor dem Eingang von böser Krankenkasse, Parkplatz von böser Krankenkasse etc. Eigentlich machen sie Radio, ohne jeden Bebilderungsbedarf.

*

Einen Blick auf die Welt werfen, der nicht eiskalt ist, aber eben auch nicht sentimental solidarisch.

*

Ein Buch, das ich neulich im Regal eines Freundes sah: «Die Geschichte des deutschen Volkes», Adam-Kraft-Verlag.
Selten bilden Buchtitel und Verlagsname eine solche Einheit!

*

Was häßlich ist: Wenn Frauen mit Nagelstudiofingernägeln eine Stapelung folgender drei Gegenstände mit einer Hand umklammern:
Handy
Zigarettenschachtel
Feuerzeug

Ganz unvernünftig: eine ganze Stange Zigaretten «auf ex» rauchen.

*

Was man braucht, ist frische Luft ohne allzuviel Sonne. Am besten also, man steht nachts stundenlang auf dem Balkon und raucht nicht.

*

Die Klobürste putzt das Klo. Aber wer putzt die Klobürste? These: Klobürste und Klo putzen sich gegenseitig. Eine Symbiose also wie zwischen Flußpferden und den Vögeln, die ihnen die Maden aus der Pelle picken.

*

Die beiden dicksten Kinder Deutschlands lassen sich auf den Armen von Deutschlands stärkstem Mann einen Jumbo-Milkshake schmecken.

*

Festgetretene Rosinen auf dem Küchenfußboden! Schlecht!

*

Schon besser: Eine Nacht mit einer Frau zu verbringen, über die sich Jahrzehnte später in seinen Lebenserinnerungen schreiben ließe: Ich glaube, sie sammelte versteinerte Schneeflocken.

*

Gibt es eigentlich noch Pornos mit Bettszenen?

*

Nicht fragen, wenn einen die Antwort nicht interessiert!
 Nicht fragen, wenn man eine andere Antwort als die, die man erwartet, nicht ertragen kann!
 Am besten gar nicht fragen, sondern dem Menschen eine nicht allzu kalte Hand an die Wange legen.

*

Diese «Medienprofis», die ihre Antworten auf selbst die armseligste Interviewfrage einleiten mit: «Gute Frage!» Statt daß mal einer sagt:
 Kommen Sie! Wir gründen ein Kompetenznetzwerk für Kinderzahnheilkunde.

*

Daß Hotels noch immer Hotels heißen! Eigentlich müßten sie doch mittlerweile HKZ heißen:
 Hospitalty Kompetenz Zentren

1931 veröffentlichte Marieluise Fleißer einen Roman namens «Mehlreisende Frieda Geier». Untertitel: *Roman vom Rauchen, Sporteln, Lieben und Verkaufen.* Vierzig Jahre später wurde der Roman unter dem Titel «Eine Zierde für den Verein» wiederveröffentlicht. Ist das wirklich besser? Würde einen der alte Titel nicht eher neugierig darauf gemacht haben, wie eine Mehlvertreterin von Tür zu Tür geht, meist erfolglos Mehl anbietet und zwischendurch die Mehltasche am Jägerzaun abstellt, um rauchend etwas Sport zu treiben, und sich bei dieser Tätigkeit ab und zu in einen Passanten verliebt? Schließlich gibt es nette Passanten. Sehr nette sogar. Man denkt: Die Person, die eben vorbeigegangen ist, sah wirklich gut aus. Ich drehe mich jetzt aber nicht um, denn die Person, nach der ich mich eben fast umgedreht hätte, würde sich nach mir wahrscheinlich nicht umdrehen. Dann dreht man sich nach etwa fünfzig Sekunden doch um und denkt irgendwas Ordinäres. Es ist schade um uns eigentlich tolle Menschen.

*

Aufzeichnungen eines Kunstreisenden:
1.) Nürnberg: Von einem Feuerschlucker in Leggings mit Raubkatzenmuster bekam ich eine Flasche australischen Supermarkt-Chardonnay in die Garderobe gebracht.
2.) Wegen mangelnder Saalverdunklung war es mir möglich zu bemerken, daß mehrere ältere Männer versuchten, sich mit jenem Ausdruck schwerenöterhafter Satireversteherei auszustatten, wie man ihn von Kamera-

schwenks über das Publikum von Kabarettveranstaltungen der sechziger und siebziger Jahre kennt. Damals rauchten sie allerdings alle noch Pfeife, was den Ausdruck vervollkommnete.

*

Balaclava = Gesichtsmaske für Sport, Demo, Urlaub, Überfall und Sex.

Man denkt auch an eine Balalaika und die Stadt Bratislava. Dort gibt es übrigens eine Skulptur namens «Schöner Nazi». Nazi ist nämlich *auch* eine alte Koseform für Ignaz.

*

In der Zeitung war zu lesen, Obama und Bill Clinton hätten telefoniert.

Es sei ein «phantastisches Telefongespräch» gewesen, habe Obamas Sprecher gesagt. Clintons Sprecher hingegen habe von einem «großartigen Gespräch» gesprochen.

*

Schriftstellerinterview:

«Man kann Ihr Buch ja auch als Generationenporträt lesen.»

«Ihresgleichen wäre vermutlich imstande, ein Pilzbestimmungsbuch als Generationenporträt zu lesen.»

Wenn ein Sterbender niest, beschleunigt oder verlangsamt das den Sterbevorgang?

*

Ein klammer Saal. Klammheit = Unbeheiztheit + Unbeseeltheit

*

Wo wir leben, weiß kein Mensch.

*

Wir leben nicht in Irland.

*

Worum ich die englische Sprache schon seit langem beneide: die Konjunktion *lest* = *damit nicht*.

*

Wir treffen Vorkehrungen. Damit wir mit dem Mantel keine Aschenbecher voller Stecknadeln vom Garderobentisch fegen.
    Damit wir nicht in Klammheit leben.

Wie schon Hermann Sudermann sagte: Das Scheenste, das Heechste, was der Mensch hat, das ist seine Melodie.

*

Gedanke an einen unsympathischen Menschen:
 Möge ihm, falls er sich, genau wie ich, gerade einen Jasmintee einschenkt, das Kännchen in der Hand explodieren!

*

Was schließlich, bei aller Geduld, dann doch immer wieder gesagt werden muß: Man sollte nicht in Gegenwart von Diamanten rauchen.

*

Am Ende steht die schwache Poesie.

*

Ich bin klein. Du bist groß.

*

Am Ende stehen das arme schwache Menschentum und seine immer schwächer werdende Poesie.

Wie gesagt: Am Ende steht ein Haufen schwacher Poesie.

> *

Ein Haufen? Echt?

> *

Ein Haufen!

Unter dem pompös-hohlen Titel «Der Sprachkritiker als Unsympath und Volksheld versiegender Minderheiten» befindet sich in meinem Buch «Der Zauber des seitlich dran Vorbeigehens» ein Aufsatz, in dem es um, man kann es ahnen, sprachkritische Fragen geht. Ich fand den Text schön, jedoch schlecht vorlesbar. Im Jahr 2010 machte ich mich daran, ihn zum Zweck des öffentlichen Vortrags zu überarbeiten. Es entstand dabei ein neuer Aufsatz. Vom Original sind nur wenige Abschnitte übriggeblieben, weswegen ich die Revision hier als neue Arbeit präsentieren möchte, und zwar unter dem eventuell keine Spur weniger pompösen und hohlen Titel

Der Sprachkritiker als gesellschaftlicher Nichtsnutz und Kreuzritter der Zukunftsfähigkeit

Es erreichte mich ein Spam-Anruf. Normalerweise würge ich solche Anrufer ab und sage etwas in der Art von «Bitte rufen Sie hier nicht mehr an», aber ich war wohl gelinde aufgekratzter Laune, und es ergab sich ein Dialog. Ich bin keineswegs so schlagfertig, wie es angesichts des gleich folgenden Dialoges scheinen mag, hatte allerdings schon mehrere Anrufe dieser Art erhalten und mir vorgenommen, die Verursacher der telefonischen Belästigung beim nächsten Mal auf eine Kleinigkeit hinzuweisen. Hier nun das Gespräch:

Rrring.

«Ja, bitte!»

«Guten Tag, mein Name ist Meisner von der Forschungsgruppe Meinung und Sprache.»

«Das glaube ich nicht.»

«*Was* glauben Sie nicht?»

«Nun, ich weiß, es gibt Leute, die von der Heide heißen oder von der Marwitz, aber kein Mensch in unserem Land heißt von der Forschungsgruppe Meinung und Sprache.»

«Das verstehe ich jetzt nicht.»

«Das ist aber traurig, daß Sie das nicht verstehen. Auf Wiederhören.»

Eigentlich ist vor allen Dingen traurig, daß es in der Forschungsgruppe Meinung und Sprache keinen Menschen zu geben scheint, der den Mitarbeitern sagt, wie man ein solches Telefonat beginnt, ohne wie ein Idiot rüberzukommen. Es wäre ganz einfach: Guten Tag, mein Name ist Meisner, und ich arbeite für die Forschungsgruppe Meinung und Sprache. Mit einem solchen Anfangssatz hätte Herr Meisner doch ein viel besseres Standing!

Womit wir wieder einmal auf dem heiklen Felde der Sprachkritik angelangt wären. Heikel ist dieses Feld schon deshalb, weil es natürlich immer Menschen gibt, die bereits beim bloßen Hören des Wortes Sprachkritik ihre eigenen kritischen Antennen ausfahren, um dem Autor des sprachpflegerischen Beitrags Verstöße nachzuweisen und es ihm mit gleicher Münze heimzuzahlen. «Hören Sie mal», könnten diese Leute rufen, «‹rüberkommen› und ‹Standing› sind aber ganz schön blöde Ausdrücke.»

Mag sein, mag sein, aber ein paar blöde Ausdrücke in einem Ozean der Gescheitheit sind doch eine hübsche Würze. Meckerei über blöde Ausdrücke, also Sprachkritik auf einfachem Niveau, kenne ich übrigens schon seit frühester Jugend. Da gab es einen Jungen, der regelmäßig daran Anstoß nahm, wenn ich statt «jetzt» «jetze» sagte. Da der Junge zwei Jahre älter als ich war und somit ein viel besseres Standing in meiner Kindheits-Community hatte, gelang es ihm tatsächlich, mir das «jetze» abzugewöhnen, doch freue ich mich immer ein wenig, wenn ich jemanden höre, der es noch sagt.

Sprachkritik auf höherem Niveau kenne ich ebenfalls schon lange. Im «Stern» war Anfang der siebziger Jahre eine sprachkritische Glosse beheimatet, die ich hin und wieder las. Die Glosse nahm zum Beispiel – damals schon – Anstoß an Übersetzungsanglizismen, befand also, daß man lieber «noch einmal» statt das plump übersetzte «once more», also «einmal mehr» sagen sollte. Als Inbegriff des Verwerflichen galt dem Kolumnisten allerdings die Verwendung bestimmter Partizipien als Adjektiv, wie z. B. in den Konstruktionen «das stattgefundene Konzert», «der in Dortmund zur Schule gegangene Bassgitarrist», «der zugenommene Autoverkehr» oder «der zurückgetretene Minister». Das habe ich mir gemerkt, und in dem gelinden Aufbegehren, das sich beim Hören solcher Wendungen bei mir einstellt, meldet sich jener kleine Bruder des Rechtsbewußtseins zu Wort, den man Sprachgefühl nennt. So wie jeder ohne Detailkenntnis des Gesetzeswortlauts weiß, daß man niemanden töten darf, möchte ich nicht von «um die Wette gelaufenen Kindern» sprechen, obwohl ich die betreffende spröde Regel, die etwas mit der Transität und Intransität von Verben zu tun hat, keineswegs aus dem Stegreif herbeten könnte.

Der Verfasser der «Stern»-Glosse, dessen Name mir aus diskretionstaktischen Gründen momentan lieber nicht einfallen will, ist später angeblich verrückt geworden. Vor Jahren wurde mir berichtet, er sei zu einem Vortrag nach Stuttgart eingeladen gewesen, habe sich aber geweigert, das für ihn bestellte Zimmer zu beziehen, da es in einem Gebäude gelegen war, das «Hotel am Schlachthof» hieß. In einem Haus mit einem solchen Namen zu übernachten sei für ihn als Vegetarier nicht zumutbar, soll er gesagt haben. Man könnte wohl verstehen, daß ein empfindlicher Mensch nicht gut schläft, wenn Blutgeruch und Todesschreie durchs Fenster dringen, allein der Schlachthof war schon Jahre zuvor in eine weit entfernte Gegend verlegt worden, und das Hotel hatte lediglich den alten Namen beibehalten. Von dem unter Hotelnamen leidenden Sprachkritiker habe ich späterhin nie wieder gehört, dafür höre ich um so häufiger etwas von «zurückgetretenen Ministern». Man müßte seinen Medienkonsum heutzutage wohl auf die «Neue Zürcher Zeitung» beschränken, um ihnen gar niemals zu begegnen; bis vor einigen Jahren, etwa bis zum Ausscheiden Wilhelm Wiebens als Chefsprecher, hätte ich allerdings auch die ARD-Tagesschau zu dem erlauchten Kreis der korrekten Partizipialarbeiter gerechnet, doch das ist Vergangenheit. Nach dem Rückzug Horst Köhlers aus dem Schloß Bellevue war in der Tagesschau allabendlich vom «zurückgetretenen Bundespräsidenten» die Rede, was nur dann nicht zu beanstanden gewesen wäre, wenn Köhler zurückgetreten *worden* wäre. Er hatte jedoch gerade noch ausreichend Kraft, es selbst zu tun.

Wilhelm Wieben hat sich im Gegensatz zu Horst Köhler entschieden, seinen Lebensabend der Rezitation plattdeutscher Texte zu widmen. Da ihm das eine Herzensangelegenheit ist, sollte man es nicht bemäkeln, aber es wäre schön, wenn er seinen Nachfolgern ab und zu einen Hinweis gäbe. Die scheinen nicht mehr viel zu merken. Wilhelm Wieben hingegen hat zu seiner Zeit alles bemerkt.

In den Jahren nach der letzten deutschen Vereinigung war in sämtlichen Medien, wenn es um die DDR und die BRD ging, ständig von den «beiden ehemaligen deutschen Staaten» die Rede. Diese grundpeinliche Formulierung besagt, daß es einst zwei deutsche Staaten gab und heute gar keinen mehr, was ein Zustand wäre, über den sich allenfalls Angehörige des Schwarzen Blocks freuen könnten. Soweit ich mich erinnere, war es einzig Wilhelm Wieben, der sprachliche Logik in Anwendung brachte und den korrekten Ausdruck verwendete: die ehemals beiden deutschen Staaten. Das bedeutet: Früher waren es zwei, heute ist es einer. Und nicht: Früher waren es zwei, und heute gibt es überhaupt keinen mehr. Diese Unterscheidung ist keine bloße Stilfrage, sondern gewissermaßen eine Frage des nationalen Überlebens.

Sprachkritik ist gleichzeitig populär und unbeliebt. Den einen gilt sie als politisch und kulturell insignifikante Kleinkrämerei. Von seiten der Desinteressierten, die ihr Desinteresse heutzutage gern hinter einer Pose überlegener Gelassenheit verbergen, kennt man die monotone Reaktion, man solle sich doch nicht so anstellen, Sprache verändere sich eben, und das sei doch schön. Das Fernsehen liebt es bekanntlich, zu sämtlichen Fragen des Lebens vermutliche und vermeintliche Experten um Anderthalbminuten-Statements zu ersuchen. Die vor die Kamera gebetenen Linguisten sagen natürlich immer, man brauche sich keine Sorgen um die Sprache zu machen. Allerdings sind sie für Fragen der Sprachkritik überhaupt nicht zuständig, sie sehen sich im allgemeinen als Zuarbeiter der Soziologie und finden Sprachpflege «reaktionär». Dann gibt es noch den Vorwurf der Pedanterie. Er kommt in der Regel von Leuten, denen außer ihrem Einkommen und Wohlbefinden nichts wichtig ist. Wer jemals seriös in einem künstlerischen, handwerklichen oder wissenschaftlichen Beruf gearbeitet hat, weiß jedoch, daß es keine Faktoren gibt, auf die es nicht ankommt. Es kommt anstrengenderweise immer auf alles an. Ob es wohl je einen Forscher oder Juristen gab, der einen Konkurrenten mit dem Argument ablehnte, dieser arbeite zu pedantisch?

Trotz des verbreiteten Pedanterievorwurfs wird überall mit großem Fleiß Sprachkritik betrieben. Mir scheint es jedoch oft bizarr, was kritisiert wird – und was nicht. Seit zig Jahren gibt es nun schon Leute, die durch die Gegend fahren und mit regelwidrigen Apostrophen beschriftete Imbißbuden und Jeansläden photographieren, um die Bilder auf speziellen Internetseiten zu verbreiten. Wie unwichtig, wie langweilig!

Anderes Beispiel: Eine Kölner Dame, die lange Zeit als zuständig für die Literarisierung der breiten Masse angesehen wurde, beklagte neulich in einem Interview die Sprachverlotterung. Sie kritisierte, daß immerfort um Verständnis gebeten werde. Wenn in der Bahn auf eine Verspätung hingewiesen werde, sei es doch dämlich, um Verständnis zu bitten. Was gebe es an einer Verspätung denn zu verstehen? Ein bis hierhin berechtigter Einwand. Doch um was soll die Bahn statt dessen bitten? Nach Ansicht der Kölner Dame soll sie um Entschuldigung bitten. Das ist leider noch schlechter als Verständnis. Kleine Verspätungen ergeben sich manchmal aus den Unwägbarkeiten der Betriebsabläufe, und niemand trägt daran eine Schuld, die man verbal abarbeiten könnte. Große Verspätungen allerdings haben oft einen Schuldigen, erstaunlich häufig ist es ein Selbstmörder, und die Bahn kann sich unmöglich im Namen eines soeben Verstorbenen für eine Verzögerung entschuldigen. Sie braucht auch nicht dafür um Entschuldigung zu bitten, daß sie nicht einfach weiterfährt und meint, irgendwelche Spaziergänger werden den Toten schon finden. Um was soll die Bahn also bitten? In den meisten Fällen sollte sie einfach schweigen. Geschwätzigkeit ist schlimmer als falsche Wortwahl, und die Durchsageritis in der Bahn ist ein Fall übler Service-Geschwätzigkeit. Wenn der Zug nach Düsseldorf sieben Minuten Verspätung hat, braucht man die Reisenden nicht in Dortmund, Bochum, Essen und Duisburg – also alle zehn Minuten – aus der Lektüre zu reißen, indem man sie darüber in zwei mitunter schwer identifizierbaren Sprachen in Kenntnis setzt. Im Falle großer Verspätung kann die Bahn durchaus um etwas bitten, nämlich um Nachsicht – Nachsicht, dieses doch gar nicht so ausgefallene Wort, wäre vollkommen passend. Es ist der Kölner Dame einfach nicht eingefallen, weswegen sie aber bei niemandem um Nachsicht, Verständnis oder Entschuldigung bitten muß. Sie hat eben viel um die Ohren und weiß manchmal gar nicht, wo ihr der Kopf steht – das kennt doch jeder.

Ein Riesenecho findet alljährlich eine pseudosprachkritische Quatschaktion, die von einer «Gesellschaft für deutsche Sprache» initiiert wird, nämlich die Bekanntgabe des «Unwortes des Jahres», die mir ähnlich belanglos erscheint wie die alljährlich in den USA gekürte «am schlechtesten gekleidete Frau». Ob sich eine Filmschauspielerin in einem mißratenen Fummel auf dem roten Teppich präsentiert oder ein Politiker sich an ironischen Wendungen verhebt – kein Fundament wird da erschüttert. Natürlich sollten sich Staatsmänner und Feldherren in der Öffentlichkeit lieber nicht sarkastisch zeigen, und mir sind die als «Unwort» gerügten Ausdrücke in ihrer Mehrzahl unangenehm – ich möchte mich ja nur ungern mit jemandem am Biertisch niederlassen, der Zivilisten im Krieg als «weiche Ziele» bezeichnet. Es wäre trotzdem besser, wenn man solche auf der Suche nach einem einprägsamen neuen Begriff entstandenen, verunglückten Spontanbildungen unter dem Mantel der Nichtzurkenntnisnahme vermodern ließe statt sie via Siegerehrung in den nach Abwechslung gierenden Wortschatz nachplappernder Hobbybösewichte zu befördern. «Unworte bereiten Untaten den Boden», mahnen Bundespräsidenten, und es ist richtig, daß sie mahnen, denn Bundespräsidenten müssen solche Sachen sagen, so wie Klavierspieler Klavier spielen müssen. Mir jedoch kann keiner weismachen, daß die Mörderregimes des 20. Jahrhunderts weniger effizient gewesen wären, wenn sie sich eines dezenteren Vokabulars bedient hätten.

Daß man gerade hierzulande so beharrlich auf der Lauer liegt betreffs Ausfindigmachung derartiger «ungeheuerlichen Entgleisungen» – wie man gewisse kleine Fehlgriffe seit Jahren stereotyp nennt –, hängt zu einem guten Teil natürlich damit zusammen, daß sie im politischen Zirkus stets willkommene Auslöser für Intrigen und Anlässe zum Kaltstellen von Konkurrenten sind – aber was soll das mit Sprachkritik zu tun haben?

Das populärste Thema von Sprachkritik war in den letzten Jahren sicherlich das Eindringen manchmal ziemlich lächerlichen englischen Wortschatzes ins Deutsche. Wann immer es darüber einen Artikel in der «FAZ» oder der «Zeit» gibt, gibt es waschkörbeweise zustimmende E-Mails, zumindest wenn man die Mails ausdruckt, was ja jeder tun muß, der mal wieder ein paar schöne Waschkörbe in seinem Büro stehen haben möchte wie einst Rex Gildo und Roy Black. Es ist in meinen Augen allenfalls ein Nebenproblem. Das Hauptproblem der deutschen Sprache kommt ganz ohne englische Fremdwörter aus und hört sich beispielsweise so an:

Haben Sie teilweise so ein bißchen das Gefühl, ich sollte vielleicht einfach mal ein bißchen bei mir selbst ankommen, oder haben Sie eher das Gefühl, das ist eine Reise, die ich da mache, und auf einer Reise hat man einfach immer, ich sag jetzt mal, die Möglichkeit, anzuhalten und zu gucken, wie weit bin ich jetzt eigentlich?

Oder so:

Für mich war das auch, also ich bin kein sehr politischer Mensch, also für mich ist das eher so, daß ich so Sachen spannend finde und dann auch mich durchaus identifizieren kann teilweise, aber überhaupt nicht da aktiv irgendwie das Gefühl habe, ich marschier jetzt mit, um eine Message irgendwie auch klar zu machen.

So tönt der Mißstand, gegen den sich Sprachkritik heute zu richten hätte! Diese exemplarischen Sätze, zusammengesetzt aus toten Fertigteilen und trotzdem völlig konfus, sind nur zwei von Millionen möglichen. Beim ersten Beispiel handelt es sich um eine Interviewfrage, die eine professionelle Rundfunkmoderatorin von «Deutschlandradio Kultur» an eine Schriftstellerin richtete, der zweite Satz wurde von einem Teilnehmer der traditionellen Krawalle am «Revolutionären 1. Mai» in Berlin zu Protokoll gegeben. Beide Sprecher sind offenbar aus dem gleichen geistigen Holz geschnitzt. Man würde sich jedenfalls nicht groß wundern, wenn das, was der Krawallteilnehmer sagte, die Antwort auf die Frage der Journalistin gewesen wäre.

Man wisse ja, was gemeint sei, sagen die Verfechter einer solchen unangestrengten Sprechweise. Man weiß es jedoch oft nicht. Man gibt sich damit zufrieden zu erahnen, was gemeint sein könnte, aber nur, weil man gleichzeitig ahnt, daß das Gesagte sowieso vollkommen irrelevant ist.

Der hier zitierte Redefluß erinnert mich an Leute, die auf Flughäfen oder in Eisenbahnen eingeschlafen sind. Obwohl man Schlafende, selbst öffentlich Schlafende eigentlich kaum kritisieren kann, hat deren Zusammengesacktheit nicht selten etwas vertrottelt Selbstgefälliges. Manchen steht unvorteilhafterweise der Mund offen, und ein Rinnsal zähen Speichels kommt herausgeflossen – und dieser Schleim erinnert mich an – nein, das ist ein schlechter Vergleich. Ich werde mir demnächst Gedanken machen, mit was man das zitierte Gesabbere treffender vergleichen könnte.

Ebenso wenig wie das Ausschleimen Eingeschlafener möchte ich die gedankliche und folglich auch sprachliche Wirrheit von Menschen aus der Nachbarschaft verurteilen. Jemand, der so spräche wie Papst Benedikt oder Oscar Wilde, würde sich sozial isolieren. Er würde allein im Biergarten sitzen, mit Insekten das Zwiegespräch suchen müssen. Getadelt werden muß jedoch, daß Kulturmedien das unachtsame Schwatzen aus dem Biergarten einfach übernehmen. Wie armselig heute auf Phoenix und 3sat gesprochen wird! In einer von Guido Knopp verantworteten History-Sendung über Martin Luthers Frau, Katharina von Bora, sagte der Off-Sprecher:

Luther gibt Katharina das Gefühl, sie bald zur Witwe zu machen.

Dieser schnöde Grammatik-Klopper, so fernseh- und rundfunktypisch er leider ist, hätte, wenn schon nicht dem Redakteur, dann wenigstens irgendeinem Volontär auffallen müssen. Zumindest der Sprecher, ich glaube, es war Christian Brückner, hätte intervenieren müssen. Schließlich werden solche Sendungen unendlich oft und immer unkorrigiert wiederholt, und es ist zu befürchten, daß sie auch als Lehrmaterial an Schulen verwendet werden. Mangelnde Sprachlogik ist keine stilistische und ästhetische Frage, sondern eine Folge schlechten und schlampigen Denkens, die den Kommunikationswert von Sprache vermindert.

Wie soll denn eine Zukunft, die sehr komplexe Fragen stellen wird, zu meistern sein, wenn man nur noch vage ahnen kann, was diejenigen gemeint haben könnten, die sagen, was getan werden soll?

Sicher ist ja nur eines: Unsere Zukunft wird nicht aus Kühlschränken bestehen, die dem Supermarkt eine SMS schicken, wenn die Milch alle ist.

Eigentlich war der folgende Text nur als Begleitmaterial für etwa zwanzig Photos vorgesehen, die das «Zeit-Magazin» in einem Rückblick auf das Jahr 2009 großformatig abdrucken wollte. Zu meinem Verdruß wurden die Bilder jedoch nur in Briefmarkengröße reproduziert, so daß ich mir meinen Beitrag in dem Heft damals noch nicht einmal kontrollierend durchsehen mochte. Mit einem gewissen Abstand scheint mir der Text allerdings auch ohne die Photos «gar nicht so übel» zu sein.

Sie sehen so lustig aus, wie Sie auf dem Ball sitzen!
Die Jahre 2009 und 1989

Es gibt Jahre, die mir im Rückblick leer und unbedeutend erscheinen, fahl und stagnativ, zum Beispiel 1986 und 1987. Selbst meine Lieblingsmusiker veröffentlichten in diesen Jahren schlechte Platten. Und was machte ich? Unternahm ich irgendwelche Schritte, begann ich mit etwas? Nein, ich lag im Bett, ermüdet durch allzu häufige Besuche von Gaststätten, die jetzt in nostalgischen West-Berlin-Geschichten als legendär bezeichnet werden, und Erich Honecker besuchte Helmut Kohl in Bonn und Oskar Lafontaine in Saarbrücken. Ich hatte eine ums Verrecken nicht funktionieren wollende Künstlerkarriere und zum Essen einen öden Job als Reiseleiter beim Senat von

West-Berlin und «erklärte» etwa dreimal in der Woche überwiegend schläfrigen Menschen, die sich aufgrund der Berlin-Förderung kostengünstig in der Stadt aufhielten, irgendwelche Sehenswürdigkeiten, also vor allen Dingen die Mauer. Wenn ich Pech hatte, waren es verkaterte Angehörige sogenannter Sportvereine aus Nordrhein-Westfalen, die mich beim Mauerstop am Potsdamer Platz nötigten, sie dabei zu photographieren, wie sie gruppenzwanghaft grölend gegen die Mauer pißten. Eine politische Aussage konnte man in solcherlei Aktionen nicht sehen, denn für das, was sich hinter der von ihrem Harn benetzten Mauer abspielte, interessierten sich diese Leute keine Spur, die etwa vom «TSV Neuss» oder vom «Sportclub Krefeld» kamen, also aus «allertiefstem Wessieland», wie man damals in West-Berlin sagte.

Ob 2009 ein ödes oder wichtiges Jahr war, vermag ich nicht zu sagen, schon allein deshalb, weil es noch gar nicht vorbei ist. Diese medialen Jahresblicke überall, in denen der Dezember fehlt, fand ich schon immer etwas befremdlich. Vermutlich denken die Rückblicker, in Dezembern passiere eh nie etwas, weil alle Welt nichts als das Weihnachtsgetöse im Kopf hat. Doch wer garantiert mir, daß ich nicht am 23.12. die beste Idee meines Lebens haben oder am 29.12. den wichtigsten Menschen meines Lebens oder zumindest des Jahres treffen werde? Natürlich, für die Allgemeinheit war Barack Obama Mensch des Jahres, über dessen Sieg ich mich schon deshalb gefreut habe, weil die Schwarzen in den USA sich so sehr darüber freuen, und ich gönnte es ihnen, obgleich mir sein knorriger und nicht ganz so priesterlich auftretender Widersacher McCain als Typ sympathischer war. Es haben sich mir jedoch auch ganz andere, beiläufigere Dinge eingeprägt, ein Bild etwa, auf dem der Kneipenwirt, der im Jahr zuvor einen Schüler anstiftete, fünfzig Tequila zu trinken, sich vor Gericht eine Ausgabe der «taz» vors Gesicht hielt. So so, ein «taz»-Leser, dachte ich da, leicht fies lächelnd. Hätte er sein Gesicht statt hinter einer «taz» hinter einem meiner Bücher vor den Photographen verborgen, hätte manch anderer fies gelächelt, ich dagegen dumm aus der Wäsche geguckt.

2009 war auch das Jahr, in dem die Profanisierung der Orchidee ihren Höhepunkt erreichte. In einer Filmkomödie aus den dreißiger Jahren sagte einmal ein Herr zu einer Dame: «Sind wir uns nicht schon einmal auf der Orchideenausstellung in Nizza begegnet?», und damit war klar, daß es sich um großkalibrige Herrschaften handeln mußte. Heute stehen selbst in Frühstücksräumen von Mittelklassehotels Arrangements aus diesen einst so raren Blumen auf den Fensterbänken, und ich war in mehreren Lokalen essen, in deren Herren- – nicht Damen! – -toiletten die Waschtische mit Orchideengestekken verziert waren. Damen mit «reifer» und «sehr reifer» Haut werden im Werbefernsehen gar dazu aufgefordert, sich Orchideen ins Gesicht zu schmieren: «Erleben Sie die Kraft der Orchidee!» Wer von Orchideen spricht, darf von Goji-Beeren nicht schweigen: Goji-Beeren-Tee, Kokossuppe mit Goji-Beeren, Goji-Beeren im Müsli und im Briefkasten Zettel, die für einen Goji-Beeren-Direktversender werben, mit dessen Hilfe sich viel Geld sparen ließe. 2009 ist mir auch als ein Jahr aufgefallen, in dem die Bürger von Politikern unentwegt aufgefordert, ja angefleht wurden, die Krise endlich mal ein bißchen ernst zu nehmen, aber sie tun's und tun's nicht in ihrem Orchideenparadies. Sie sind eben abgebrüht. Nach «Nine-Eleven» ist der Menschheit schließlich auch eingetrichtert worden, nun werde sich alles, aber auch wirklich alles ändern, und doch hat sich so gut wie nichts anhaltend geändert, außer daß vielleicht die Einreisebeamten auf den amerikanischen Flughäfen noch ruppiger geworden sind, als sie vorher schon waren.

Wenn ich durch den Ordner «2009» meines I-Photo-Archivs scrolle, stelle ich fest, daß ich bislang 2675 Photos gemacht habe, was in den Augen anderer, die ebenfalls dem kleinen Laster der digitalen Allesphotographie anheimgefallen sind, durchaus nicht sonderlich viel ist. Die Bilder vermitteln zunächst den Eindruck eines ganz normalen Jahres: die üblichen, der Kamera zuprostenden Menschen, Zufallsstilleben, Dinge, die ich gegessen habe, Blicke aus Hotelzimmern, Selbstporträts in Künstlergarderoben – damit läßt sich wunderbar die Wartezeit füllen –, Fönkabel, die expressive Schatten auf Toilettenschüsseln werfen, und ulkige Hinweisschilder («Unsere Äpfel werden auf Wunsch gern gewaschen. Ihr Team vom Fruchtkorb Köln»). Ich war viel unterwegs, beruflich und privat. Ein Billigflug trug mich ins spätwinterliche Athen, wo sich mir ein Ereignis einprägte, nämlich das

Stolpern einer Dame, das von vielen gesehen und von niemandem ungewöhnlich gefunden wurde. Die Dame war über einen der überall herumliegenden herrenlosen Hunde gefallen, worauf sie sich laut stöhnend aufrappelte, ihren Weg humpelnd fortsetzte und einen kurzen feuchten Blick gen Himmel warf, als ob sie sagen wollte: «Wird sich das denn nie ändern?» Womöglich ist sie schon über Hunderte von Hunden gestolpert, und der Beruf des Hundefängers hat unter stolzen Griechen das gleiche Renommee wie der des Henkers? Wäre die geschilderte Misere nicht ein Fall für eine jener dusseligen Schauspielerinnen, die ganze Rudel streunender Hunde aus fernen Weltgegenden nach Deutschland fliegen lassen und sich dafür in Talkshows als Menschen mit «ganz viel Herz» feiern lassen? «Animal hoarding» nennt man dieses psychisch bedenkliche Verhalten neuerdings. Unvergessen ist in diesem Zusammenhang ein Mann aus Berlin-Spandau, der in seiner kleinen Wohnung 1700 Wellensittiche «hortete», was zwar nicht 2009 für Schlagzeilen sorgte, sondern im Dezember 2008, aber auf diese Weise hätten wir wenigstens einen Dezember in unserem Rückblick, wenn auch nicht den richtigen.

Ein paar Monate später unternahm ich mit einem befreundeten Lebemann in einem «peinlichen Mietwagen» (weißer Mercedes mit Münchner Kennzeichen und kariert redendem Navi) eine Fahrt durch den Westen Frankreichs. Den Mont-Saint-Michel wollten wir beide unbedingt sehen, nicht unbedingt auch die benachbarte übelriechende Alligatorenfarm, und trotzdem nahmen wir die auch mit, wenngleich würgend. Als nächstes stand der berühmte «Teppich von Bayeux» auf dem Programm, ein UNESCO-Weltkulturerbe, das, nicht zuletzt um die verpopte Jugend hinter dem Ofen hervorzulocken, als «erster Comic der Welt» vermarktet wird. Doch wir gelangten nicht hin, nicht wegen des kariert redenden Navis, sondern weil wir bei unseren Reisevorbereitungen das Datum außer acht gelassen hatten, den 6. Juni. Präsident Obama machte uns einen Strich durch die Rechnung, indem er mit gewaltigen Begleittrossen an den Feierlichkeiten zum 65. Jahrestag der alliierten Landung teilnahm und eine Sperrung der gesamten Normandie verursachte. Nach vielen gescheiterten Versuchen, irgendwie «hintenrum» oder über Feldwege das bildungsrelevante Textil zu erreichen, überließen wir den Teppich «Michelle und Carla» und setzten uns für Stunden in eine Pizzeria und warteten dem Ende des Umleitungsspuks entgegen: «Wären wir doch lieber in den Ort Camembert gefahren, wo der gleichnamige Käse erfunden wurde!»

Selbst dieser mißlungene Reisetag ist photographisch dokumentiert, so wie meine meisten anderen Tage auch. Ständig gab es etwas, was ich meinte, festhalten zu müssen, nur der Sommer ist in meinem I-Photo-Archiv sonderbar leer. War meine Kamera kaputt? Nein, ich hatte mir den Fuß gebrochen. «Den Fuß» – so sagt man, obwohl man zwei Füße hat. Man sagt nicht, man habe sich einen seiner beiden Füße gebrochen. Mein gebrochener Fuß war für mich das zentrale Ereignis des Jahres, Obama hin, Krise her. Ein kaputter Fuß überschattet einfach alles. Ich war, vom Einkaufen kommend, unachtsam in eine abgesenkte Gehwegplatte getreten, dachte: «Na, hoffentlich hast du dir jetzt nicht den Knöchel verstaucht», und lief nach Hause, einen guten halben Kilometer lang, denn ich wußte ja noch nicht, daß ich mir den Fuß gebrochen hatte. Am nächsten Vormittag wußte ich es. Nachdem ich «geröncht» worden war, machte ich, auf der Bahre liegend, dem Arzt klar, daß er mir auf keinen Fall einen Gips verpassen dürfe. Den würde ich als Klaustrophobiker nicht aushalten, würde ihn mir bei erstbester Gelegenheit mit einer Axt abhauen. Trickreich verschwieg ich, daß ich gar keine Axt besitze. Ich bekam statt des Gipses eine sogenannte Orthese angelegt, einen monströsen Entlastungsschuh, der mich an gewisse Ausstattungselemente aus den «Star Wars»-Filmen erinnerte.

Und dazu noch: blaue Krücken. Erst wenn man selbst zu Schaden gekommen ist, fällt einem auf, wie viele andere Leute mit Krücken unterwegs sind. Es war mir allerdings nicht möglich, zu den anderen Versehrten ein kollegiales Verhältnis aufzubauen. Wird eigentlich erwartet, daß man als Krückenträger anderen Krückenträgern solidarisch zuzwinkert? Mir fiel auch auf, daß die Standardfarbe von Krücken heutzutage blau zu sein scheint. Wenn wegen der Krise die Instandhaltung der Fußgängerwege noch mehr vernachlässigt wird, werden sich noch viel mehr Leute ihre Füße brechen und an blauen Krücken durch die Straßen gehen. Vielleicht wird sich dadurch sogar unsere Sprache verändern. In Reisebeschreibungen könnte es eines Tages heißen: Plötzlich lag er vor uns, in perfektem Krückenblau – der Lago Maggiore.

Blau ist eine Farbe der Hoffnung. Blaue Krücken sollen sagen: «Wird schon wieder.» Es ist auch bitter nötig, sich von seinen Krücken etwas Nettes sagen zu lassen, denn man führt plötzlich Gespräche mit Leuten aus der Nachbarschaft, für die man vorher allenfalls ein tonloses «Hallo» übrig gehabt hätte, und die versorgen einen gern mit großzügig dosiertem Defätismus. Die Frau aus der Reinigung: «Das wird nie wieder wie vorher! Meine Tochter hat sich vor zwei Jahren das Bein gebrochen, und sie klagt immer noch über fürchterliche Schmerzen!» Ein älterer Herr aus dem Haus nebenan: «Ein Freund von mir hatte auch so ein Entlastungsding am Fuß, der hat während der Zeit nur gefressen, dreißig Kilo zugenommen, und ein Jahr später war er tot.»

Nicht zu vergessen die Physiotherapeutin, die mir, als das Schlimmste überstanden war, zurief: «Sie sehen so lustig aus, wie Sie auf dem Ball sitzen!» Ich nehme an, hierin unterscheiden sich wohl Physiotherapeuten von ihren fürs Seelische zuständigen Kollegen. Ein Psychotherapeut würde sich wohl eher die Zunge abbeißen, als zu einem Klienten zu sagen: «Sie sehen so lustig aus, wie Sie auf meiner Couch liegen.»

Ein bißchen «professionelle Hilfe» wäre gar nicht falsch gewesen. Anhaltende Trübsal war nicht zu leugnen. Einige Male stellte ich mich vor den Badezimmerspiegel und schnitt mutwillig fröhliche Gesichter. Das Grimassieren half bisweilen tatsächlich ein wenig, weil ich dachte: Ein echt Depressiver wäre zu einer derart simplen Selbsttäuschung nicht in der Lage. Doch stellte ich bedenkliche Symptome an mir fest: Oft begann ich bereits am frühen Abend auf die Uhr zu blicken. Normalerweise trödele ich gern in der Wohnung herum und vergesse die Zeit, doch während meiner Fußbruchwochen konnte ich es kaum abwarten, endlich ins Bett zu «dürfen», weil ich zum Schlafen den verhaßten Star-Wars-Schuh abnehmen konnte.

Ich sah selbstdegradierend viel fern und erlebte das Tamtam um den Tod von Michael Jackson in unbekömmlicher Ausführlichkeit. Für das Wort «Tamtam» bedanke ich mich bei Elizabeth Taylor, die über «Twitter» verlauten ließ, sie wolle bei dem Tamtam nicht mitmachen – so hieß es zumindest in der deutschen Übersetzung. Interessant war der allmähliche Bedeutungsschwund der sogenannten Musikexperten, die allesamt kaum einleuchtende Worte fanden, die musikalische Leistung des Verblichenen zu erklären. An den ersten beiden Tagen kam noch der Chefredakteur von «Bravo» zu Wort. Als der keine Lust mehr hatte, etwas von «einer der absolut faszinierendsten Entertainerpersönlichkeiten der letzten fünfzig, wenn nicht hundert Jahre» vom Stapel zu lassen, wurde der stellvertretende Chefredakteur des gleichen Blattes befragt, und es endete dann mit dem stellvertretenden Chefredakteur von «Pop Rocky». Am Tage von Jacksons Beerdigung schaute ich bei Google nach, ob die englische Sprache den Ausdruck «bad taste funeral» schon kennt.

Ja, sie kannte! Allerdings erst in einem einzigen, ganz frischen Eintrag. Es ist eigentlich zu bedauern, daß ich an diesem Tag keine Lesung hatte. Andernfalls hätte ich als Einlaßmusik schön laut eine CD von Prince abspielen lassen. Das wäre doch ein Statement gewesen!

Ab Mitte August konnte ich wieder halbwegs unauffällig laufen, aber da ich das Bein weiterhin häufig hochlegen mußte, ließ ich den Fernseher einfach noch etwas laufen. Ab dem Spätsommer wurde eigentlich nur noch des Mauerfalls und der ihm vorausgegangenen Ereignisse gedacht. Ob jemand gezählt hat, wie oft im Herbst 2009 die Bilder von Genscher auf dem Prager Balkon und die Zettel-Szene mit Schabowski gesendet wurden? Wahrscheinlich hat es irgendein Medienforscher tatsächlich getan.

Der Eindruck, daß wir damals allesamt mit Sektflaschen auf der Straße umherrannten und fremde Leute umarmten, wird aus den Köpfen der Weltöffentlichkeit nicht mehr zu vertreiben sein, denn von den vielen, die gerade in West-Berlin eingeschnappt auf dem Sofa saßen und sich in ihrer Lebensbequemlichkeit bedroht fühlten, gibt es naturgemäß kein Bildmaterial, das sich zur Dauerwiederholung eignen würde. Bei der Auswahl der sich erinnernden Interviewpartner hätte ich mir allerdings etwas mehr Vielfalt gewünscht. Wunderbar hätte ich ein Gespräch mit jener mir leider namentlich unbekannten Dame gefunden, die ungefähr am 11.11.89 am KaDeWe aus dem Taxi stieg, sich die Hand vors Gesicht schlug, «Um Gottes willen! Was für ein Affenzirkus!» rief, sich kopfschüttelnd zurück ins Taxi setzte und in Richtung der heimischen Villa entschwand. Der Markt für Mauerfall-DVDs ist vermutlich momentan gesättigt, doch wenn, spätestens zum 25. Jahrestag, Blu-Ray-Editionen erscheinen, wäre es kommerziell vielleicht ratsam, in jedem Fall aber der Wahrheit dienlich, diese mit dem Bonus-Feature «Die Genervten und Desinteressierten» aufzupeppen, oder muß man heute sagen: aufpimpen? Ein Gespräch mit jenem taz-Redakteur, der mich damals telefonisch, nur weil ich mich freute, als «reaktionär» bezeichnete, würde sich darin gut machen.

Meine eigenen Mauerfall-Photos habe ich dieser Tage digitalisieren lassen, wobei mich wunderte, wie teuer das ist. Sonst ist doch immer alles so billig heute. Auf einigen dieser Photos bin ich selbst zu sehen. Ich sehe beglückt aus, was ich durchaus auch war. Doch die Photos zeigen auch – ich muß es mit einem Anflug von Demut bekennen –, daß im November 1989 keineswegs nur die Ostdeutschen häßliche Jeansanzüge trugen.

*

Veröffentlicht im Rowohlt Taschenbuch Verlag,
Reinbek bei Hamburg, April 2014
Copyright © 2012 by Rowohlt · Berlin Verlag GmbH, Berlin
Lektorat: Alexander Fest
Umschlaggestaltung any.way, Walter Hellmann,
nach einem Entwurf und einer Kalligraphie von Frank Ortmann
Typographische Innenausstattung: Martin Z. Schröder
Satz aus der Minion Pro
bei Dörlemann Satz, Lemförde
Druck und Bindung CPI books GmbH, Leck
Printed in Germany
ISBN 978 3 499 25577 9

*